职业院校“双证书”课题实验教材
人力资源和社会保障部职业技能鉴定中心指导编写

物流服务与管理岗位综合实训

主　编　蔡守英
副主编　柴光荣
参　编　逄　雷　王爱武

中国人民大学出版社
·北京·

出版说明

实行“双证书”制度，是党中央、国务院适应社会主义市场经济要求，推动职业教育、职业培训改革的重要举措。早在1993年，《中共中央关于建立社会主义市场经济体制若干问题的决定》就提出：“要制定各种职业的资格标准和录用标准，实行学历文凭和职业资格两种证书制度。”从那时起，“双证书”制度历经了制度确立、探索试点、积极推进三个发展阶段。2014年，《国务院关于加快发展现代职业教育的决定》（国发〔2014〕19号）指出：“服务经济社会发展和人的全面发展，推动专业设置与产业需求对接，课程内容与职业标准对接，教学过程与生产过程对接，毕业证书与职业资格证书对接，职业教育与终身学习对接。重点提高青年就业能力。”“推进人才培养模式创新……积极推进学历证书和职业资格证书‘双证书’制度。”

近年来国家有关部门为促进就业和提高劳动者素质，对职业院校实施“双证书”制度做出了许多政策安排，“双证书”制度在广大职业学校得到有效推行，学历证书、职业资格证书成为毕业生就业找工作的“敲门砖”和“通行证”。但是，我们也发现，在职业院校，学历认证和职业资格认证还没有从根本上实现贯通，普遍存在着各行其道、“两张皮”的现象，缺乏打通两者的桥梁和纽带。其中，融合双证的课程与教材建设滞后是关键原因。

为了探索解决这个长期困扰中国职业教育界的难题，人力资源和社会保障部职业技能鉴定中心部级课题“职业技能教学用书开发技术规范与评价体系研究”课题组（项目编号：RS2013-16，以下简称“课题组”）在“双证书”课程资源建设开发方面做了积极研究和有益尝试。课题组认为：“双证书”课程是指实现国家职业标准和专业教学标准对接、职业技能鉴定与专业课程学习考核对接的课程，它是使学生在不延长学习时间的情况下，同时获得学历证书和职业资格证书的学校正规课程。加强对“双证书”课程教材开发的研究，对于探索从课程层面做到“双证结合”，引导学校用好现有职业技能鉴定政策，推动学生职业技能和就业竞争力提升，具有十分重要的意义。开发职业技能鉴定与学校课程考试两考合一的“双证书”教材，可以形成“双证书”政策落地的基础性教学资源，解决推行“双证书”制度、实施“两考合一”的“最后一公里”问题。

为了在教材层面上做到专业教学标准与国家职业标准的内容对接，课题组通过研究，制定了《中等职业学校“双证书”课程教材开发技术规范》，主要技术要点如下：一是以专业教学标准为依据，细化“双证书”培养目标；二是以国家职业技能标准为依据，确定“双证书”课程；三是根据双证结合的理念，编制“双证书”课程实施规范；四是结合职场工作实际，开发“双证书”综合实训课程；五是积极改革教学模式，建设“双证书”课程标准；六是根据职业教育特色，组织编写“双证书”教材；七是做好试题开发组织和考务服务，为“两考合一”做好技术保障。这一技术规范为实现教学内容与职业标准“双覆盖”、教学过程与岗位要求“双对照”、课程考试与技能鉴定“双结合”的职业院校教材开发目标提供了一个技术指引。

2013年以来，在课题组的统一组织下，中国人民大学出版社、外语教学与研究出版社、高等教育出版社、语文出版社、教育科学出版社等各参研单位共开发了中等职业学校机电技术应用等20个专业“双证书”课程实验性教材。

“双证书”课题实验教材的开发采取专业负责人制，每个专业由一名资深专家对教材目标、内容选择、内容组织进行总体把关，然后指导各册主编分头编写，最后再由本专业教学专家、职业技能鉴定专家、企业专家、课程开发专家组成的编审委员会共同审定，确保符合课题组提出的职业院校“双证书”教材开发技术规范，同时，努力在教材开发中对接“四新”（新知识、新技能、新产品、新工艺），做到不遗漏知识点、技能点、态度点。

“双证书”教材的开发和编写遵循了教育部门颁布的《中等职业学校专业教学标准》规定的课程名称与“主要教学内容和要求”，并在教材中融入了相应的五级、四级国家职业技能标准的要求，有助于学生学习掌握职业技能鉴定所要求的相关知识和必备技能，并获取相应等级的职业资格证书，为推动职业院校实施“双证书”制度提供了必要的教学资源支持。

“双证书”课题实验教材的开发，是一个新的探索，欢迎广大中等专业学校和职业高中积极试用，并提出宝贵意见，我们将进一步改进和完善。

职业教育是使“无业者有业，有业者乐业”的伟大事业。让我们携起手来，为建设现代职业教育体系和构建终身职业培训体系尽自己一份绵薄之力。

人力资源和社会保障部职业技能鉴定中心
“职业技能教学用书开发技术规范与评价体系研究”
课题组
2015年6月23日

前言

进入21世纪以来，现代物流作为现代化经济的重要组成部分和工业化进程中最为经济合理的综合服务模式，正在全球范围内迅速发展，并逐渐成为各国经济发展的支柱产业和新的经济增长点。我国现代物流业起步虽晚，但近十年来发展较快，物流市场对人才的需求日益凸显，特别是企业需要大量具有良好职业道德的高素质综合技能型人才从事物流一线的作业，这对中等职业学校物流服务与管理专业的建设与发展提出了迫切的要求。了解物流企业各工作岗位的职责、工作流程、操作技能，既可以帮助物流专业中职生毕业后尽快适应工作岗位，融入物流企业，又可以为他们今后成为基层、中层管理人员奠定基础，因此我们编写了本教材。

本教材基本定位为“物流师国家职业标准”中物流员和助理物流师级别知识和技能的培养，结合企业实际工作岗位或岗位群，采用行动导向、任务驱动、基于工作过程开发等课程改革潮流和设计理念编写实训项目，内容涵盖物品采购、仓储管理、配送管理、运输管理、生产物流管理、国际货运管理、物流信息处理等工作岗位的任务。

本教材在每一个综合项目实施过程中，都参照业内典型的物流公司创设相应的虚拟情境，让学生分组、分岗位集中轮训，从而不仅能够使学生综合掌握各个岗位的职责、业务流程和操作技能，还能够培养学生的沟通协调能力、团队合作能力、自主学习能力、创新思维能力等职业关键能力和爱岗敬业、诚实守信、一丝不苟等职业操守，最终实现培养物流综合技能型人才的培养目标。

本教材的编排与素材非常有利于开展小组合作的自主学习形式，全程自主计划、决策、实施、评价，培养学生团队合作能力、计划与控制能力、思考与决策能力、行动与解决问题能力。每个模块都以“任务驱动”激发学生的学习兴趣，引出“问题与思考”培养学生的思维能力，再以“知识探究”的形式呈现知识点，最后配以“实训任务单”“拓展任务”“资料链接”等引导学生在“做中学”。

本教材的编写得到了深圳怡亚通供应链有限公司、上海环众物流咨询有限公司、广东时捷物流有限公司、珠海市理工职业技术学校以及物流专业教师在教学资源和教学试验上的大力支持和帮助，在此表示衷心的感谢。

由于时间仓促、作者水平有限，同时这种教学模式也是广东省“物流专业项目化课程改革”课题的探索，书中难免有不当和疏漏之处，还有待在今后的教学中进一步修改和完善，欢迎各位同行和前辈提出宝贵意见。

编　者

目录

项目一
走进物流中心

职业要求

本项目参照《物流师国家职业标准》的要求，以仓储与配送物流企业业务流程为主线，根据仓储作业和配送作业流程的特点，结合仓储企业岗位群及职业发展规律，使学生具有从事仓储作业组织和管理的基本职业能力，并能够进行仓库平面布局规划以及能够结合企业的实际操作流程解决工作过程中遇到的问题。

任务导读

- 走近物流企业
  - ■ 物流企业概念
  - ■ 企业命名和企业标志
  - ■ 企业经营理念和企业文化
  - ■ 企业组织架构
- 物流中心选址
  - ■ 影响物流中心选址的因素
  - ■ 物流中心选址的方法
- 物流中心作业流程
  - ■ SOP 标准作业程序
  - ■ 流程图
  - ■ 工作说明书
  - ■ 物流中心作业流程
- 物流中心区域布局
  - ■ 物流中心区域规划的步骤
  - ■ 物流中心出入口的设计
  - ■ 物流中心作业区域
  - ■ 物流中心动线规划

学习目标

知识目标：了解仓储企业的命名、标志、经营理念、企业文化、组织结构、管理制度等；了解影响物流中心选址的因素；了解SOP、流程图、工作说明书。

能力目标：能够分析一个仓储企业的基本情况；能够使用物理重心法和质量重心法来进行选址；能够使用办公软件制作流程图及工作说明书；能够使用简单的软件来绘制物流中心平面图。

技能训练一 走近物流企业

教学准备

（1）分组教学的实训室，多媒体教学系统。

（2）A3白纸、彩纸和多色笔。

任务驱动

某市现在正在规划建设一个物流中心，并通过招商引资吸纳各大物流公司进驻，假如你是一家物流公司的创始人，你该如何使你的公司从无到有，需要做些什么具体工作？

问题与思考：

（1）如何给企业命名？企业标志是什么？

（2）企业经营理念和企业文化是什么？

（3）企业组织架构是什么？

知识探究

一 物流企业的概念

物流企业（Logistics Enterprise）是指至少从事运输（含运输代理、货物快递）或仓储中的一种经营业务，并能够按照客户的需求对运输、储存、装卸、包装、流通加工、配送等物流基本功能进行组织和管理，具有与自身业务相适应的信息管理系统，实行独立核算、独立承担民事责任的经济组织。

二 企业命名和标志

为企业命名时，除了要考虑外在的字音、字意、字形、好听易记外，还要考虑企业的行业特点、产品性能，融入 CI 原理、美学原理、地理人文、地域文化、顾客年龄结构，注重国际性和创意性，最后适当定位，综合分析，才能酝酿出一个别具一格、易于识别、易于传播、有利于企业发展的好名字。

物流企业标识就其构成而言，可分为图形标识、文字标识和复合标识三种。

图形标识是指用富于想象或相联系的事物来象征企业的经营理念、经营内容的艺术形象。

文字标识是以含有象征意义的文字造型为基点，对其进行变形或抽象地改造，使之图案化。拉丁字母标识可用企业名称的缩写。

复合标识是指综合运用文字和图案因素设计的标识，有图文并茂的效果。

三 企业的经营理念和企业文化

企业的经营理念是管理者追求企业绩效的根据，是对顾客、竞争者以及员工价值观与正确经营行为的确认，然后在此基础上形成企业基本设想、科技优势、发展方向、共同信念和企业追求的经营目标。

对物流企业的经营理念可以从两个方面来界定的：一是物流企业与客户要建立一种什么样的关系，是短期还是长期的合作关系；二是对物流服务成本的看法，是从降低本企业的成本出发还是从降低客户企业的成本出发。

物流企业文化是受社会文化和社会道德影响的，应符合先进社会文化发展的要求，是促进企业健康发展的文化，还可以促进员工自身发展和福利的提高，给企业员工个体带来发展的机会和希望，因而具有很强的凝聚力、向心力、号召力、激发力。

四 企业的组织架构

企业组织架构，是指企业内部组织机构按分工协作关系和领导隶属关系有序结合的总体。它的基本内容包括明确组织机构的部门划分和层次划分，以及各个机构的职责、权限和相互关系，由此形成一个有机整体。物流企业内部的组织机构，基本上可划分为业务经营部门、职能管理部门和行政事务部门，而各部门的进一步划分则因企业具体情况的不同而有所不同。

一般企业最常用的组织架构是直线制形式。直线制是一种最早、也是最简单的组织形式。它的特点是企业各级行政单位从上到下实行垂直领导，下属部门只接受一个上级的指令，各级主管负责人对所属单位的一切问题负责。

实训任务单

实训名称	创建一家物流企业

实训任务

各组同学合伙创建一家物流企业，请为你们的公司命名、设计企业标志、确定经营理念、提炼企业文化、构建组织结构，把你们的成果以 PPT 的形式展现出来。

实训要求

（1）方案设计科学、合理、实用。
（2）团队合作、积极参与。

实训流程（步骤）

（1）查阅知名物流网站，各组内部讨论自己公司命名、设计企业标志、经营理念。
（2）各小组成员提炼出自己公司的企业文化，构建组织结构。
（3）在 A3 纸上制作自己公司的宣传海报。
（4）各组选出代表解释自己组内的宣传海报。
（5）各组分别对其他组的成果打分。

实训评价

表 1-1 实训评价表

序号	检查项目及评价标准	分值	得分	备注
（1）	公司命名、设计企业标志、经营理念。	20		
（2）	企业文化、构建组织结构。	25		
（3）	公司的宣传海报	25		
（4）	宣传演讲	30		

教师评语：

教师签字：

年　　月　　日

实训体会：

学生签字：

年　　月　　日

拓展任务

观看视频“台湾屈臣氏物流中心”，说出视频中所展示的公司、设施、设备和正在进行的工作的具体内容。

资料链接

(1) 资料链接：世界十大物流公司排行榜、中国十大物流公司排行榜。
(2) 视频观赏："珠海港"专题片。
(3) 视频观赏："苏州物流中心"专题片。
(4) 通过网络检索珠海的物流公司发展状况和发展动态，并与其他同学交流和分享。

技能训练二 物流中心选址

教学准备

(1) 多媒体教学系统。
(2) 全国地图、广东省地图、珠海市地图。

任务驱动

某快递公司拟在广东省建立一个自己的物流中心辐射整个广东地区，同时在末端城市珠海建立自己的分拨中心，请问该如何考虑选址？

问题与思考：
(1) 影响物流中心选址的因素有哪些？
(2) 选址的方法有哪些？

知识探究

一 影响物流中心选址的因素

物流中心的地址选择是物流中心建设中一个重要的决策问题，因为物流中心的位置对货物配送速度和物流费用都会产生直接影响，进而影响到物流配送中心的服务水平和服务质量。

根据现代物流学原理，物流中心的选址主要应考虑自然环境因素、经营环境因素、基础设施状况及其他一些因素。

（一）自然环境因素

1. 气象条件

物流中心选址过程中，主要考虑的气象条件有温度、风力、降水量、霜期、冻土深度、年平均蒸发量等。例如物流中心选址时要避开风口，因为建设在风口的物流中心会加速露天堆放商品的老化。

2. 地质条件

物流中心是大量商品的集结地，一些重量大的货品堆码起来会对地面造成很大压力。如果物流中心地面以下存在着淤泥层、流砂层或松土层等不良地质，那么压力过大时会造成地面沉陷、货物垮塌等严重后果，因此，物流中心所在位置的地质条件非常重要。

3. 水文条件

物流中心选址须远离容易泛滥的河川地段与上溢的地下水区域。要认真考察所选区域近年来的水文资料，地下水位不能过高，绝对禁止选址于洪泛区、内涝区、故河道、干河滩等区域。

4. 地形条件

物流中心应地势较高、地形平坦，且应具有适当的面积与外形。若选在完全平坦的地形上是最理想的；其次选择稍有坡度或起伏的地方；应该完全避开山区陡坡地区；在外形上可选长方形，不宜选择狭长或不规则形状。

（二）经营环境因素

1. 经营环境

物流中心所在地区的物流产业政策会对物流企业的经济效益产生重要影响。数量充足和素质较高的劳动力条件也是物流中心选址时需要考虑的因素之一。

2. 商品特性

经营不同类型商品的物流中心最好能分别布局在不同地域。如生产型物流中心的选址应与产业结构、产品结构、工业布局相结合进行考虑。

3. 物流费用

物流费用是物流中心选址的重要考虑因素之一。大多数物流中心的选址接近物流服务需求地，例如接近大型工业、商业区，以便缩短运距，降低运费等物流费用。

4. 服务水平

服务水平也是物流中心选址时要考虑的因素。由于现代物流过程中能否实现准时运送是服务水平高低的重要指标，因此，在物流中心选址时，应保证客户向物流中心提出物流需求时，能更大程度地获得快速满意的服务。

（三）基础设施状况

1. 交通条件

物流中心必须具备方便的交通运输条件，最好能靠近交通枢纽进行布局，如紧临港口、交通主干道或交通枢纽、铁路编组站或机场，有两种以上运输方式相连接。

2. 公共设施状况

物流中心的所在地，要求城市的道路、通信等公共设施齐备，有充足的供电、水、热、燃气的能力，且场区周围要有污水、固体废物处理能力。

（四）其他因素

1. 政策法规

自行改造物流中心涉及缴纳土地出让金的问题、土地的使用时间和权限等一系列问题。例如，在深圳地区，市政府在物流园区用地方面实施了一系列的优惠政策，规定物流园区用地可分期支付地价款、新申请的用地项目地价可优惠20%、物流园区用地期限可延长至50年等。

2. 环境保护要求

物流中心的选址需要考虑保护自然环境与人文环境等因素，以尽可能降低对城市生活的干扰。大型转运枢纽应适当设置在远离市中心区的地方，使得大城市的交通环境状况能够得到改善、城市的生态环境得以维持和改善。

3. 周边状况

由于物流中心是火灾重点防护单位，故不宜设在易散发火种的工业设施（如木材加工、冶金企业）附近，也不宜选址于居民住宅区附近。

二 物流中心选址的方法

（一）物理重心法

对于单一物流配送中心的选址而言，在实际应用中通常采用重心法来进行决策支持，也就是说，根据重心原理结合数学计算和模拟的方法进行决策支持。

模拟方法包括计算模拟法和物理模拟法。前者需要借助计算来实现，过程稍显复杂；较为简单直观的方法是物理模拟法，它利用自由落体运动的原理，使各个目标客户的需求量达到一个平衡，这个平衡点就是物流中心的最佳地址。

（二）质量重心法

相对于物理重心法而言，质量重心法基于数学模型的计算，更能精确地分析出物流中心的位置，但是需要相对多的历史数据的支持。有些复杂的计算还得依靠计算机来辅助运算，我们这里只讨论计算原理，希望同学们都能通过简单的计算来掌握方法。

一般使用重心法得到的结果都是在设定理想条件下得到的结论，且假定物流配送中心到客户的线路是直线，但实际上配送线路是直线的情况很少，并且客户的需求量也在将来会有所变化；另外，城市人口密度高，很难保证理论计算所得出的位置是一片空地，即使是空地，也不一定能被批准用于建设物流中心。

重心选址法的优点是：计算简单，数据容易收集，易于理解。由于通常不需要对物流系统进行整体评估，所以在单一设施定位时应用该方法简便易行。

重心选址法的缺点是：该方法没有考虑现实的地理条件，例如选出的最佳物流中心的地点可能正好处于一个湖泊的中央。所以重心选址法更多的不是用于确定最佳位置，而是用于剔除一些不合适的备选方案。

实训任务单

实训名称	物流中心选址

实训任务

某快递公司拟在广东省建立一个自己的物流中心辐射华南区，同时在末端城市珠海建立自己的分拨中心，请问该如何考虑选址？

实训要求

(1) 方案设计科学、合理、实用。
(2) 团队合作，积极参与。

实训流程（步骤）

(1) 查阅知名快递网站，掌握公司各大片区的地理位置以及公司分拨中心选址地点。
(2) 各小组成员提炼出自己组内物流中心的选址和分拨中心的选址。
(3) 在广东省地图上完成物流中心的选址，在珠海市地图上完成分拨中心的选址。
(4) 各组选出代表解释自己组选址考虑的因素。
(5) 各组分别对其他组的成果进行打分。

实训评价

表 1-2 实训评价表

序号	检查项目及评价标准	分值	得分	备注
(1)	物流中心选址。	25		
(2)	分拨中心选址。	25		
(3)	选址考虑的因素。	20		
(4)	宣传演讲。	30		

教师评语：

教师签字：
年　月　日

实训体会：

学生签字：
年　月　日

拓展任务

练习：请同学们根据上述方法，利用计算机和互联网在广东省（见图 1-1）境内找出一处合适的地方新建你的物流中心，请把你的作业做成 PPT 并上交。

图 1－1　广东省的各市分布图

资料链接

登录搜狗地图，查询广东省珠海市交通地图，分析各个区域的道路交通情况，想一想珠海市物流中心可能会规划在哪里？

技能训练三　物流中心作业流程

教学准备

（1）多媒体课件。
（2）安装有用于制作流程图的 Visio 软件的机房。

任务驱动

清朝时，紫禁城乾清宫里是一点声音都没有的。慈禧太后吃完饭的时候，如果太监走过来说："老佛爷，您用完了吗?""啪"一个耳光就打上去了，"你还用问吗？慈禧太后的筷子如果是直着摆的，就表示还要继续吃，如果是横着往前推，就表示吃完了"。这个记号，大太监一看就知道。慈禧太后把左手举起来，中指和食指合并，这就是叫上水。慈禧太后吃完饭要上水的，水送上去，一个银盆，中间漂着六片莲花瓣。太后一漱完口，大太监又出去了，上茶！早上喝龙井，中午喝碧螺春，晚上喝普洱，分得非常清楚。太后中午喝什么茶，问都不用问。她的茶盖如果是虚掩着的，表示还要继续喝；掀起来，斜靠在旁边，表示喝完了。大太监一看又出去了，上烟！太后吃完了饭要抽水烟袋的，上烟的要从她右边绕过去，跪在点烟的方向，给她擦火。这一切都是静悄悄的，没有任何声音。你说还需要讲话吗？

问题：皇宫里的太监们是如何知道这些的？培训是如何进行的呢？

问题与思考：

（1）物流企业如何对新进员工进行岗前培训？

（2）SOP 有什么作用？

（3）物流企业有哪些岗位设置？

知识探究

一 SOP 概述

SOP（Standard Operation Procedure）即标准作业流程（标准操作程序），就是将某一事件的标准操作步骤和要求以统一的格式描述出来，用来指导和规范日常的工作。

SOP 是一种标准的作业程序。所谓标准，在这里有最优化的含义，即不是随便写出来的操作程序都可以称作 SOP，SOP 一定是经过不断实践总结出来的、在当前条件下可以实现的、最优化的操作程序设计。说得更通俗一些，所谓的标准，就是尽可能地将相关操作步骤进行细化、量化和优化，而细化、量化和优化的度就是在正常条件下大家都能理解又不会产生歧义。

SOP 不是独立的，它是一个体系，虽然我们可以单独定义每一个作业的 SOP，但真正从企业管理来看，SOP 不可能是单独的，它必然是一个整体和体系，也是企业不可或缺的。余世维在他的讲座中也特别提到：一个公司要有两本书，一本书是红皮书，是公司的策略，即作战指导纲领；另一本书是蓝皮书，即 SOP 标准作业程序，而且这个标准作业程序一定要做到细化和量化。

二 SOP 的作用

（1）将企业积累下来的技术和经验记录在标准文件中，以免因技术人员的流动而使技术流失。

（2）使操作人员经过短期培训，快速掌握较为先进、合理的操作技术。

（3）根据作业标准，易于追查不良后果产生的原因。

（4）树立良好的作业形象，获得客户的信赖与满意。

（5）它是贯彻 ISO 精神核心（说、写、做一致）的具体体现，实现了管理规范化和作业流程条理化、标准化、形象化、简单化。

（6）它是企业最基本、最有效的管理工具和技术数据。

三 SOP 的意义

（一）能够提高企业运行效率

由于企业的日常工作有两个基本特征：许多岗位的人员经常会发生变动；一些日常工作的基本作业程序相对比较稳定。不同的人，由于不同的成长经历、性格、学识和经验，可能做事情的方式和步骤各不相同。即使做事的方式和步骤相同，做每件事的标准和度仍会有差异。例如，我们经常会在一些窗口行业看到“微笑服务”，窗口行业的经理人员和上级也会对员工有这样的要求，但到底什么是微笑，可能每个人都会有不同的理解。而对于客户来说，他希望得到的是确确实实的微笑，且从每一位员工那里得到的感受也应该是大致相同的。因此，我们就可以通过 SOP 的方式将微笑进行量化，比方说“露出八颗牙齿”就是微笑。这样就将细节进行量化和规范了。

同时，由于 SOP 本身也是在实践操作中不断进行总结、优化和完善的产物，是许多人智慧的结晶，因此相对比较优化，能提高做事的效率。通过每个 SOP 对相应工作效率的提高，企业通过 SOP 体系必然会提高整体的运行效率。

（二）能够提高企业运行效果

由于 SOP 是对每个作业程序的操作进行优化，这样每位员工按照 SOP 的相关规定来做事，就不会出现大的失误。即使出现失误也可以很快地通过 SOP 进行检查，发现问题，并加以改进。同时，有了 SOP，保证了我们日常工作的连续性和相关知识的积累，也无形中为企业节约了一些管理成本。从每一个企业的经营效果来看，关键的竞争优势在于成本最低或产品差异化。对于同等条件的竞争企业来看，差异化往往不是体现在硬件，而是在软件。软件的差异化又往往不是在大的战略方面，而是在具体的细节方面。细节的差异化不体现在理解上，而体现在能否将这些细节进行量化，也即细节决定成败。因此，从这个意义上来看，SOP 对于提高企业的运行效果也有非常好的促进作用。

四 流程图

流程图是由一些图框和流程线组成的图形集合，其中图框表示各种操作的类型，图框中的文字和符号表示操作的内容，流程线表示操作的先后次序。

流程图是流经一个系统的信息流、观点流或部件流的图示。在企业中，流程图主要用来说明某一作业的过程。这种过程既可以是生产线上的工艺流程，也可以是完成一项任务必需的管理过程，以购票为例，其流程图如图 1－2 所示。

流程图的要素见表 1－3。

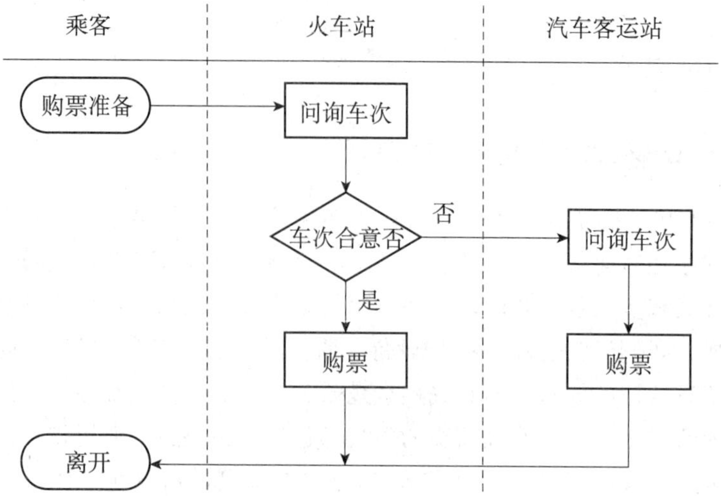

图 1-2　购票流程图

表 1-3　　流程图的要素

符号	名称	含义
	端点中断	标准流程的开始与结束，每一流程图只有一个起点
	处理	要执行的处理
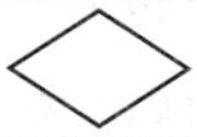	判断	决策或判断
	文档	以文件的方式输入输出
	流向	表示执行的方向与顺序
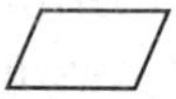	数据	表示数据的输入输出
	联系	同一流程图中从一个进程到另一个进程的交叉引用

五　工作说明书

工作说明书作为组织重要的文件之一，是指用书面形式对组织中各类岗位（职位）的工作性质、工作任务、责任、权限、工作内容和方法、工作环境和条件，以及本职务任职人资格条件所做的统一要求（书面记录）。它应该说明任职者应做些什么、如何去做和在什么样的条件下履行其职责。一个标准的工作说明书应该包括作业流程图以及相关的作业说明，作业说明里应当将各种数据量化，并以书面形式记录下来，如表 1-4 所示。

表 1-4　　工作说明书

<table>
<tr><th>流程图</th><th>工作步骤</th><th>工作说明</th></tr>
<tr><td rowspan="8">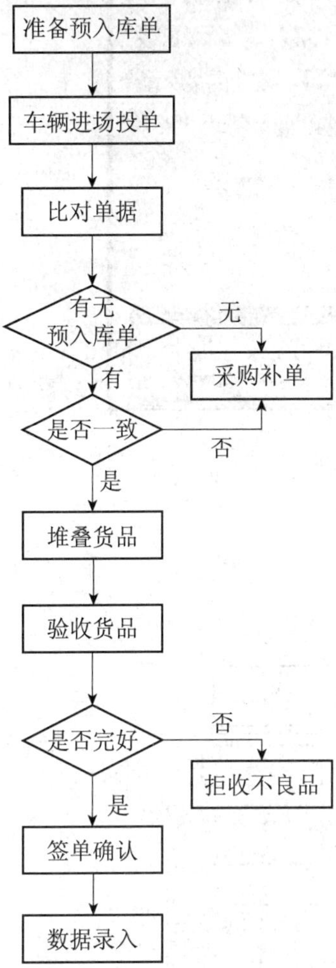</td><td>准备预入库单</td><td>验收员请信息员打印当天将要进货的预入库单</td></tr>
<tr><td>车辆进场投单</td><td>验收员指挥车辆进场停靠在月台指定位置，司机将随车送货单交给验收人员</td></tr>
<tr><td>比对单据</td><td>比对随车送货单和预入库单上货品品名、规格和数量是否一致</td></tr>
<tr><td>堆叠货品</td><td>指导将货品卸下并交叉堆叠到托盘上，同种货品堆放在同一托盘上</td></tr>
<tr><td>验收货品</td><td>验收员按托盘逐一细点货品数量、规格，检查货品质量（包装、条码等），并将托盘上的货品数量标注在托盘上</td></tr>
<tr><td>签单确认</td><td>验收无误后验收员在送货单上签字确认</td></tr>
<tr><td>数据录入</td><td>验收员用 RF 将验收好的货品信息录入 WMS 系统</td></tr>
<tr><td>确认入库</td><td>数据录入完毕后入库单确认前，验收员请信息员打印入库单，核对一遍实物，无误后签名确认；信息人员收到验收人员签字的入库单后进行入库确认</td></tr>
</table>

工作说明书的主要作用是：

（1）让员工了解工作概要。

（2）建立工作程序和工作标准。

（3）阐明工作任务、责任与职权。

（4）为员工聘用、考核、培训等提供依据。

如果工作说明书能配以照片来讲述工作步骤的话那就更好了（见图 1-3）。

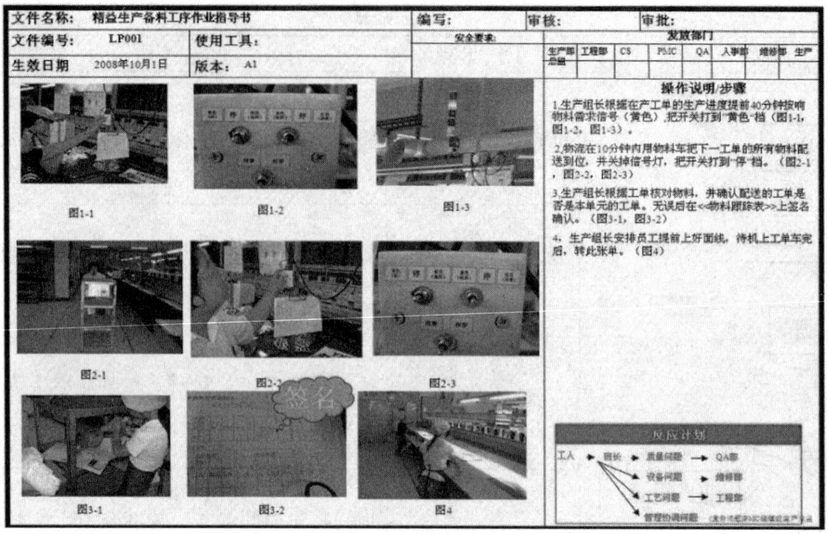

文件名称：	精益生产备料工序作业指导书		编写：	审核：	审批：
文件编号：	LP001	使用工具：	安全要求：	发放部门	
生效日期	2008年10月1日	版本： A1		生产部总组、工程部、CS、PMC、QA、人事部、维修部、生产	

图1-1　图1-2　图1-3

图2-1　图2-2　图2-3

图3-1　图3-2　图4

操作说明/步骤

1.生产组长根据在产工单的生产进度提前40分钟按响物料需求信号（黄色），把开关打到"黄色"档（图1-1，图1-2，图1-3）。

2.物流在10分钟内用物料车把下一工单的所有物料配送到位，并关掉信号灯，把开关打到"停"档。（图2-1，图2-2，图2-3）

3.生产组长根据工单核对物料，并确认配送的工单是否是本单元的工单。无误后在<<物料跟踪表>>上签名确认。（图3-1，图3-2）

4．生产组长安排员工提前上好面线，待机上工单车完后，转此张单。（图4）

图 1－3　配图的工作说明书

六　物流中心作业流程

物流中心作业流程如图 1－4 所示。

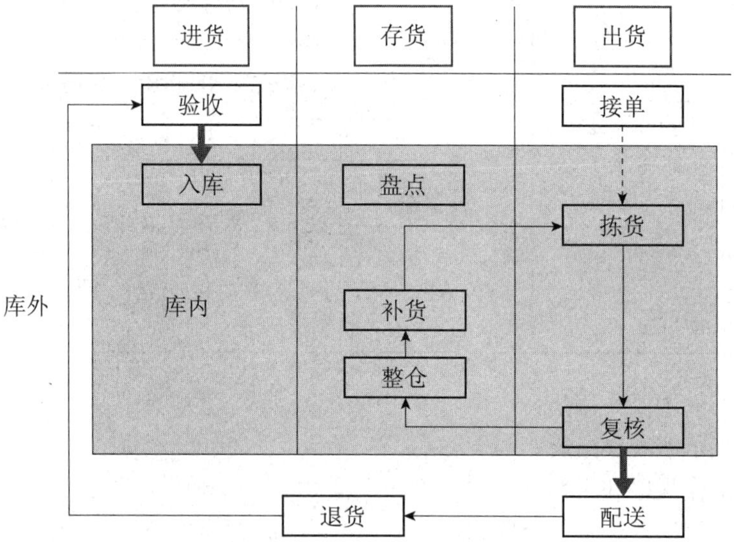

图 1－4　物流中心作业流程

物流中心作业流程中各环节人员分工如下：

进货验收：验收员。

入库上架：保管员。

整仓：保管员。

补货：保管员。

订单处理：信息员。

拣货：拣货员。
流通加工：复核员。
复核：复核员。
点货上车：储运员。
出车配送：储运员。
返品处理：保管员。
回单处理：信息员。
盘点：保管员。

实训任务单

实训名称	工作说明书设计

实训任务

登录中国铁路客户服务中心网站或手机下载12306客户端，请同学们使用学习到的知识，设计出一张“购买城轨车票”工作说明书。

实训要求

(1) 工作说明书设计科学、合理。
(2) 团队合作，积极参与。

实训流程（步骤）

(1) 登录中国铁路客户服务中心网站模拟购票。
(2) 结合学到的知识完成工作说明书的三个核心内容（流程图、工作步骤、工作说明）。
(3) 各组展示自己的工作说明。
(4) 各组分别对其他组的成果进行打分。

实训评价

表1-5 实训评价表

序号	检查项目及评价标准	分值	得分	备注
(1)	登录铁路客户服务中心网站模拟购票。	20		
(2)	完成工作说明书的三个核心内容。	30		
(3)	展示自己的工作说明书。	30		
(4)	宣传自己的工作说明书。	20		

教师评语：

教师签字：
年 月 日

实训体会：

学生签字：
年 月 日

拓展任务

学生通过查询网上资料和交流讨论，检查自己的流程图是否正确。

资料链接

登录中国铁路客户服务中心网站（http：//www.12306.cn/mormhweb/），或用手机下载12306客户端后，模拟自助购票。

技能训练四 物流中心区域布局

教学准备

（1）多媒体课件。

（2）安装有用于制作流程图的Visio软件的机房。

任务驱动

目前，我市某物流中心有一长100米、宽50米的三层厂房，第一层进行仓库改造，请用Microsoft Excel或者Visio画出第一层的平面布局图。

问题与思考：

（1）物流中心仓库内有哪些设施设备？

（2）物流中心仓库内有哪些功能区域？

（3）如何对这些区域进行合理配置？

知识探究

一 物流中心区域规划的步骤

（1）确定物流中心用地面积。

（2）确定物流中心动线。

(3) EIQ 分析。

(4) 确定托盘的形式和尺寸。

(5) 确定货架的种类和尺寸。

(6) 确定搬运方式及设备。

二　物流中心出入口的设计

设计物流中心的出入口时，需要考虑外部道路的分布情况，一般出入口的宽度大约为 12m。

设计出入口时应该考虑：

(1) 出入口的一侧以邻近主干道为宜。

(2) 出入口一般分开设置，以防止车流拥堵。

物流中心区域图如图 1－5 所示。

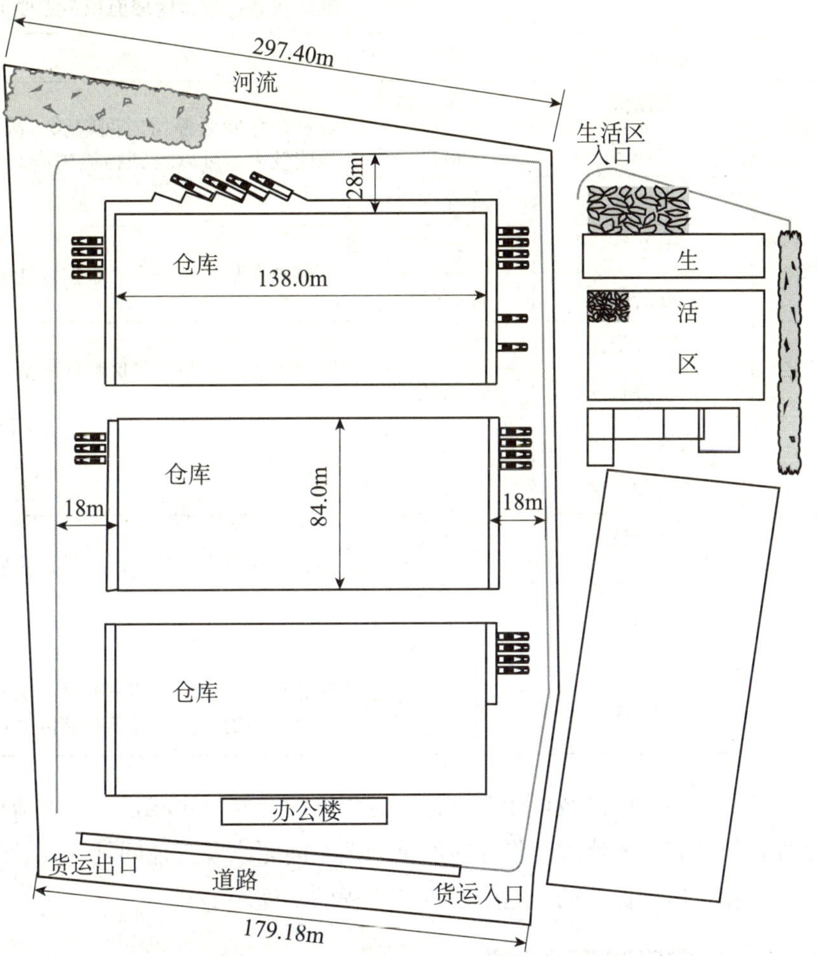

图 1－5　物流中心区域图

三 物流中心作业区域

（一）分析功能区域

在进行物流中心布置之前，首先要进行物流中心作业流程分析，这是区域规划的基础，一般从最常见的情况开始进行分析，如表 1－6 所示，物流中心通常需要具备以下主要功能区域：进货月台、入库暂存区、入库验收区、存储区、办公室、拣货分货区、流通加工区、出货合流区、出货月台、返品处理区等。

表 1－6 物流中心作业流程分析

业务流程	区域	功能	位置规划
进货入库	进货月台	预收货	常设于存储区外围，内侧紧靠入库暂存区
	入库暂存区	卸货	货物在该区域存储时间较短，且货物均处于流动状态，故该区域面积不需要太大
	入库验收区	验收	——
仓储与库存	存储区	入库上架	货物在存储区停留时间较长，故该区域的面积应较大，可以占到物流中心总面积的 50％以上
	存储区	盘点	
	存储区	库存安全	
订单处理	办公室	接单	可集中在某区域，也可根据职能分散设置
	办公室	库存分配	
补货和拣货	拣货分货区	补货	紧靠集货区，与集货区顺向布局
	拣货分货区	拣选	
流通加工	流通加工区	包装	——
	流通加工区	标示	
出货作业	出货合流区	复核	面积不用很大，紧靠出货月台布局
	出货合流区	合流	
	出货月台	点货上车	
返品作业	返品处理区	返品处理	返品经过处理后，其中的良品会进入存储区，因此返品处理区不宜离存储区太远

根据实际情况，各功能区域可能会进行一定程度的合并与删减，新建物流中心可沿用相似业务流程，但是若业务流程运作存在严重的效率问题或者其他问题，则管理者需要对业务流程进行优化，以确保新的仓储中心业务流程的实施。

（二）确定区域面积大小

物流中心各区域的面积大小规划如表 1－7 所示。

表 1-7　　物流中心各区域面积划分

区域	区域面积规划方法	特点
办公室	由办公室人数决定	所占面积较少，面积需求刚性
验货区	由检验设备、批次检验量等决定	
流通加工区	由流通加工设备、批次加工量等决定	
入库暂存区	由批次、进出库货物量决定	所占面积中等，需要考虑业务流程
拣货分货区		
出货合流区		
存储区	由货物存量、存储方式共同决定	所占面积较大，需要考虑存储方式
通道	通道宽度根据叉车的回转半径等决定	——

四　物流中心动线规划

（一）物流动线

在确定了物流中心需要哪些区域后，下一个工作就是确定这些区域分布的相对位置。由于区域的功能已确定，通过库内的动线规划就可以确定各区域大体上的位置。可以通过动线的优化选择来使得区域的位置得以优化。动线优化遵循的基本原则是“不迂回、不交叉”，其中不迂回是为了防止无效的搬运，不交叉是为了避免动线的冲突给搬运过程带来安全隐患。严格意义上的动线最佳化，需要通过行走距离最小原则来进行精细的计算，但是由于以上方法过于复杂，且常常缺乏数据来源，在实际操作中往往会根据货物整体的进出货特性选择合适的动线模式。

物流中心作业区域内物流动线的基本形式有三种，即 U 形动线、I 形动线和 L 形动线。

1. U 形动线

U 形动线是在仓库的一侧有相邻的两个发货和收货月台。其特点是适合越库作业的进行，使用同一通道供车辆出入，易于控制和安全防范。U 形动线如图 1-6 所示。

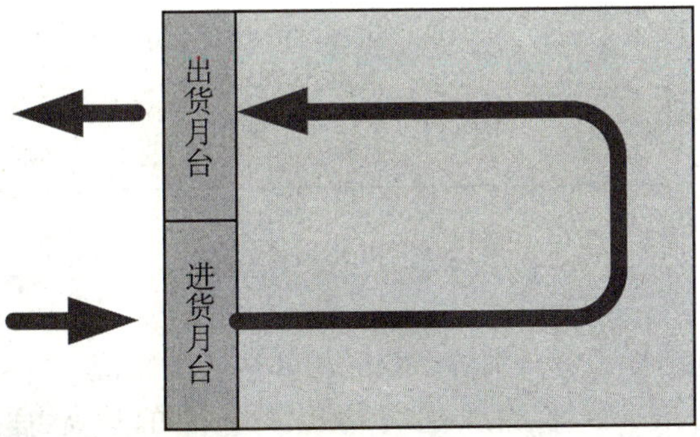

图 1-6　U 形动线

U 形动线设计可参考图 1－7。

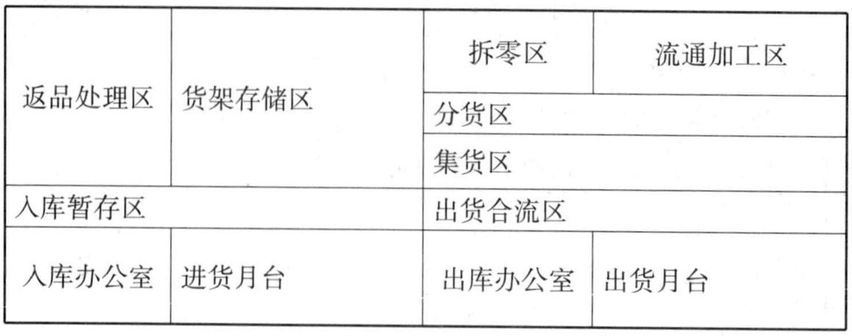

图 1－7　仓库 U 形动线设计

2. I 形动线

I 形动线的出库和收货区域在物流仓库的不同方向。其特点是可以应对进出货高峰同时发生的情况；常用于接受相邻加工厂的货物，货物用不同类型的车辆来出货和发货。I 形动线如图 1－8 所示。

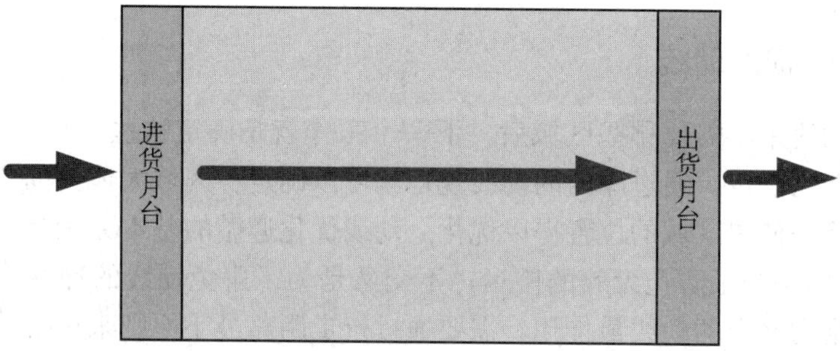

图 1－8　I 形动线

I 形动线设计可参考图 1－9。

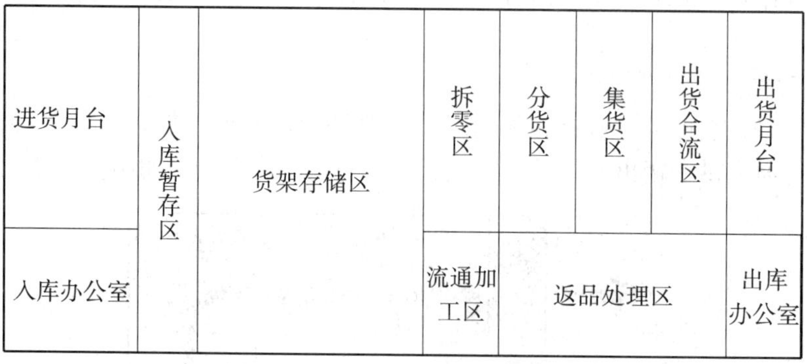

图 1－9　I 形动线设计

3. L 形动线

L 形动线适合于进出货月台分别位于仓库相邻两边的情况。需要快速处理货物的仓库一般都会采用 L 形动线，L 形动线把货物出入仓库的途径缩至了最短。L 形动线如图 1－10 所示。

L 形动线的特点是：可以应对进出货高峰同时发生的情况；适合越库作业；可同时处

理“快流”和“慢流”的货物。

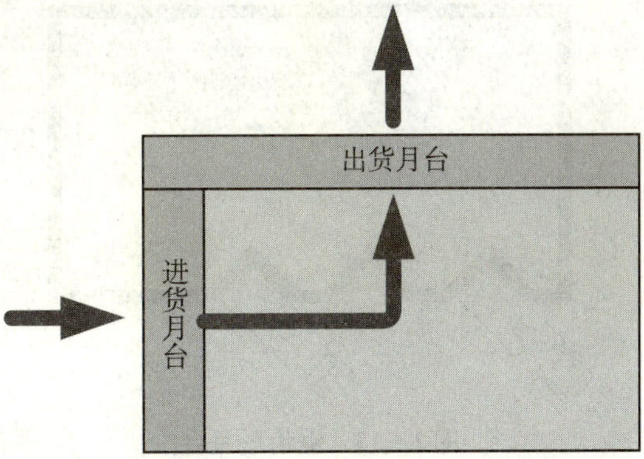

图 1-10　L 形动线

L 形动线设计可参考图 1-11。

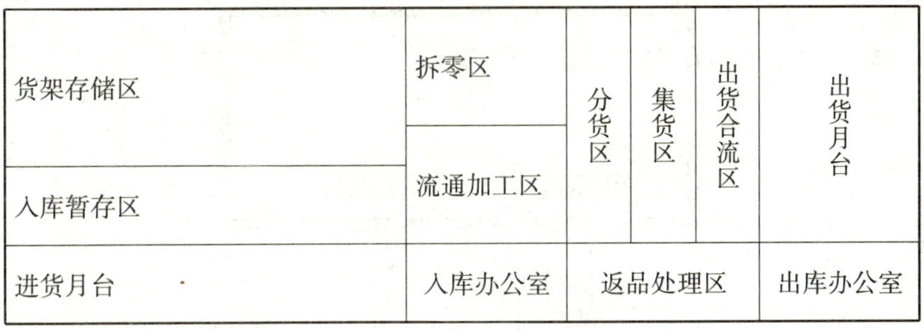

图 1-11　L 形动线设计

（二）月台的设计

月台的设计如图 1-12 所示。

进出货共用平台：可提高空间与设备利用率，但管理相对困难，特别是进出货高峰时期容易引起进货与出货相互影响，适用于进出货时间错开的仓库。

相邻管理，分别使用：使进出货空间分开，减少了相互影响，但空间利用率降低，适用于空间较大、进出货时间相同而容易相互影响的仓库。

不相邻，分别使用：完全独立的空间杜绝了进出货时的相互影响，可同时进行进出货作业，但设备利用率是最低，适用于空间足够、货品进出量大的仓库。

进出货共用平台　　相邻管理，分别使用　　不相邻，分别使用

图 1-12　月台设计

锯齿形月台：车辆旋转纵深较浅，但占用仓库内部空间较大（见图 1－13）。

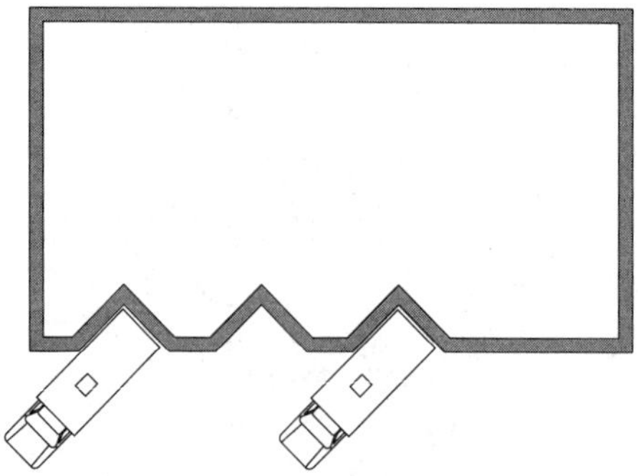

图 1－13　锯齿形月台

直线形月台：车辆旋转纵深较大，需要较大的外部空间，但占用仓库内部空间小（见图 1－14）。

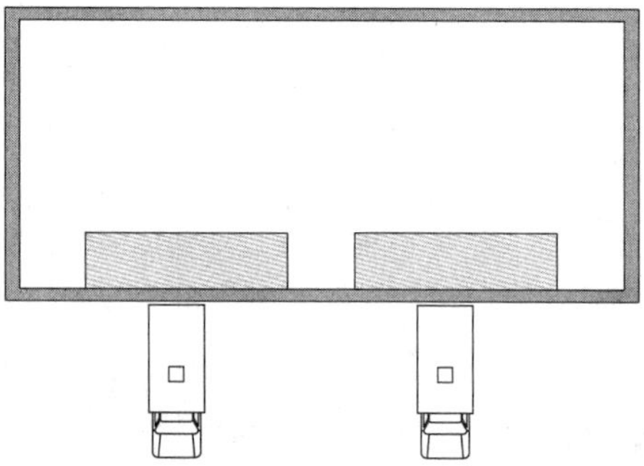

图 1－14　直线形月台

实训任务单

实训名称	设计平面布局图
实训任务	
目前，我市某物流中心有一长 100 米、宽 50 米的 3 层厂房，第一层进行仓库改造，请用 Microsoft Excel 或者 Visio 画出第一层的平面布局图。	
实训要求	
（1）方案设计科学、合理、实用。 （2）团队合作，积极参与。	
实训流程（步骤）	
（1）查阅知名网站，观察各物流中心仓库内的布局。 （2）各小组根据实际情况讨论自己仓库内的区域设置。 （3）完成平面布局图并标注各大区域。 （4）各组选出代表解释自己组内的平面布局图。 （5）各组分别对其他组的成果进行打分。	

实训评价

表 1-8　实训评价表

序号	检查项目及评价标准	分值	得分	备注
(1)	完成平面布局图。	20		
(2)	正确标注各大区域。	25		
(3)	解释自己组内的平面布局图。	25		
(4)	团队合作，积极思考。	30		

教师评语：

教师签字：
年　月　日

实训体会：

学生签字：
年　月　日

拓展任务

观察格力物流公司仓库的平面布局图，说出各个功能区域的作用并形成书面报告。

资料链接

通过网络搜索物流中心或内部仓库的视频和图片，并进行展示和解说。

项目二

物品采购岗位实训

职业要求

本项目参照《物流师国家职业标准》的要求，以企业物品采购流程为主线，根据其业务流程的特点，结合实际案例，培养学生从事基础采购的基本职业能力，并使学生能够结合当地企业的实际生产情况来解决生产中遇到的采购以及相关问题。

任务导读

- 物品采购流程实训
  - 采购概述
  - 常见的采购方式
  - 采购作业流程
- 采购员岗位实训
  - 采购员的岗位职责
  - 采购谈判

学习目标

知识目标：了解采购的基本概念、流程、类型；了解采购员的岗位职责。

能力目标：能够对一项采购活动进行合理的规划安排；能够进行简单的物品采购。

技能训练一　物品采购流程实训

教学准备

（1）分组教学的实训室，多媒体教学系统。

（2）安装有用于制作流程图的 Visio 软件的机房。

任务驱动

学校现在需要采购一批办公用品，联系了好几家公司进行报价，商品的质量、价格、送货方式、货款结算方式都有所不同，我们该如何对比，最终选择一家作为我们的长期合作伙伴呢？

问题与思考：

(1) 什么是采购？

(2) 如何进行商品采购？

(3) 常见的采购方式有哪些？

知识探究

一　采购概述

采购（Purchasing），是指企业在一定的条件下从供应市场获取产品或服务作为企业资源，以保证企业生产及经营活动正常开展的一项企业经营活动。

采购的过程，就是将资源从资源市场的供应者手中转移到用户手中的过程，在这个过程中，要实现将资源的物质实体从供应商手中转移到用户手中。这是一个商流过程，主要通过商品交易、等价交换来实现商品所有权的转移。这也是一个物流过程，主要通过运输、储存、包装、装卸、流通加工等手段来实现商品空间位置和时间位置的完整结合，缺一不可。只有这两个方面都完全实现了，采购过程才算完成。因此，采购过程实际上是商流过程与物流过程的统一。

在整个采购活动过程中，一方面，企业通过采购获取了资源，保证了企业正常生产的顺利进行，这是采购的效益；另一方面，在采购过程中，也会发生各种费用，这就是采购成本。我们要追求采购经济效益的最大化，就是要不断降低采购成本，以最少的成本去获取最大的效益。而要做到这一点，关键的关键，就是要努力追求科学采购。科学采购是实现企业经济利益最大化的基本利润源泉。

采购作业是依业务订单适时、适品、适量地采购，并跟踪采购进度，确保订购物料按时、按量、保质送达企业仓库，协调销售、生产的有效进行。

采购作业流程就是详细论述采购部门职责或任务的运营指南，是采购管理中最重要的部分之一，是采购活动具体执行的标准。采购作业流程通常是指有制造需求的厂家选择和购买生产所需的各种原材料、零部件等物料的全过程。

二 常见的采购方式

一般来说，采购可分为招标采购、询价现购、比价采购、议价采购、订价收购以及公开市场采购。

（1）招标采购是指将物料采购的所有条件（诸如物料名称、规格、数量、交货日期、付款条件、罚则、投标押金、投标厂商资格、开标日期）详细列明，登报公告。投标厂商依照公告的所有条件，在规定的时间内交纳投标押金，参加投标。招标采购的开标按规定必须至少有三家厂商从事报价投标才能开标。原则上报价最低的厂商得标。

（2）询价现购是指采购人员选取信用可靠的厂商，将采购条件讲明，并询问价格或寄送询价单并促请对方报价，比较后则现价采购。

（3）比价采购是指采购人员请数家厂商提供价格后，从中加以比价，然定确定厂商进行采购。

（4）议价采购是指采购人员与厂商双方经讨价还价而议定价格后进行的采购。

（5）订价收购是指购买的物料数量巨大，实非一两家厂商所能全部提供，如铁路的枕木，或当市面上该项物料匮乏时，则可订定价格以现款收购。

（6）公开市场采购是指采购人员在公开交易或拍卖场所随时机动式的采购，因此大宗需要物料时，价格变动频繁。

三 采购作业流程

采购作业流程会因采购的来源、方式以及对象等的不同而在作业细节上有所差异，但基本流程都大同小异。以下是采购的基本作业步骤。

（一）确认需求

在采购之前应先确定购买哪些物料、买多少、何时买、由谁决定等。

（二）需求说明

确认需求之后，对需求的细节，如品质、包装、售后服务、运输及检验方式等，均加以明确说明，以便使来源选择及价格谈判等作业能顺利进行。

（三）选择可能的供应来源

根据需求说明在原有供应商中选择信誉良好的厂商，通知其报价，或以登报公告等方式公开征求。在选择供应商时，企业应考虑的主要因素有以下几个：

（1）价格。物美价廉的商品是每个企业都想获得的。相对于其他因素，虽然价格并不是最重要的，但比较各个供应商提供的价格连同各种折扣是选择供应商不可或缺的一个重要指标。

（2）质量。商品质量也是选择供应商的一个十分重要的影响因素。商品质量的选择应根据企业的实际情况而定，并不是质量最好的就是最适合的，应力求用最低的价格买到最适合本企业质量要求的产品。

(3) 服务。服务也是选择供应商的一个很重要的影响因素。如在采购某些项目时，更换次品、指导设备使用、修理设备等，类似这样的服务可能会在选择过程中起到关键作用。

(4) 位置。供应商所处的位置对送货时间、运输成本、紧急订货与加急服务的回应时间都有影响。在当地购买有助于发展地区经济，易于形成社会信誉以及良好的售后服务。

(5) 供应商库存政策。如果供应商的库存政策要求自己随时持有备件库存，那么拥有安全库存将有助于供应商应对设备突发故障等问题。

(6) 柔性。对那些愿意且能够回应需求改变、接受设计改变等要求的供应商应予以重点考虑。

(四) 适宜价格的决定

确定可能的供应商后进行价格谈判。

(五) 订单安排

价格谈妥后，应办理订货签约手续。订单和合约均属于具有法律效力的书面文件，对买卖双方的要求、权利及义务必须予以说明。

(六) 订单追踪与稽核

签约订货后，为了促使销售厂商如期、保质保量交货，应依据合约规定，督促销售厂商按规定交货，并予以严格验收入库。

(七) 核对发票

销售厂商交货验收合格后，随即开具发票。要求付清货款时，应先由采购部门核对发票内容是否正确的后，由财务部门办理付款。

(八) 验收不符与退货处理

凡销售厂商所交货品与合约规定不符而验收不合格者，应依据合约规定退货，并立即办理重购，予以结案。

(九) 结案

合格付款或验收不合格退货，均须办理结案手续，清查各项书面资料有无缺失、绩效好坏等，并上报高级管理层或权责部门核阅批示。

(十) 归档

凡经结案批示后的采购文件，均应列入档案予以保管，以备参阅或发生问题时查考。档案应符合一定保管期限的规定。

实训任务单

实训名称	物品采购流程

实训任务

各组同学合伙创建了一家物流企业，需要采购一批叉车、货架、托盘。请问应该如何完成采购工作？画出采购作业流程图，并完成采购作业工作说明书。

实训要求

（1）方案设计科学、合理、实用。
（2）团队合作，积极参与。

实训流程（步骤）

（1）调查公司业务需求，完成采购清单。
（2）调查待采购商品的质量、价格、售后、交货、付款等基本信息。
（3）完成采购工作说明书。
（4）各组选出代表解释采购工作说明书。
（5）各组分别对其他组的成果进行打分。

实训评价

表 2-1　　实训评价表

序号	检查项目及评价标准	分值	得分	备注
（1）	完成采购清单。	25		
（2）	调查待采购商品的质量、价格、售后、交货、付款等基本信息。	25		
（3）	完成采购工作说明书。	30		
（4）	解释采购工作说明书。	20		

教师评语：

教师签字：
年　　月　　日

实训体会：

学生签字：
年　　月　　日

拓展任务

观看视频“珠海港达供应链”，说出视频中所展示的公司的设施、设备。这些设施设备我们该如何采购？请制订一份采购计划。

技能训练二　采购员岗位实训

教学准备

（1）分组教学的实训室，多媒体教学系统。

（2）采购计划书。

任务驱动

学校现在需要采购一批办公用品，联系了好几家公司进行报价，根据供应商的报价我们已经做好了采购计划，现需要对采购过程中的质量、价格、交货日期、付款条件进行谈判。如何准备采购谈判？

问题与思考：

（1）什么是采购计划？

（2）采购员的岗位职责是什么？

（3）采购谈判有什么作用？

知识探究

一　采购计划

采购计划（Procurement Plan），是指企业管理人员在了解市场供求情况、认识企业生产经营活动过程和掌握物料消耗规律的基础上对计划期内物料采购管理活动所做的预见性的安排和部署。采购计划是根据生产部门或其他使用部门的计划而制定的包括采购物料、采购数量、需求日期等内容的计划表格。

二　采购员的岗位职责

在采购活动中，采购员的岗位职责包括：

（1）认真执行总公司采购管理规定和实施细则，严格按照采购计划采购，做到及时、适用，合理降低物资积压和采购成本。对购进物品做到票证齐全、票物相符、报账及时。

（2）熟悉和掌握市场行情，按“质优、价廉”的原则货比三家，择优采购。注重收集市场信息，及时向部门领导反馈市场价格和有关信息。合理安排采购顺序，对紧缺物资和需要长途采购的原料应提前安排采购计划，及时购进。

（3）严把采购质量关。物资选择样品供使用部门审核定样，购进大宗物资均须附有质保书和售后服务合同；积极协助有关部门妥善解决使用过程中会出现的问题。

（4）加强与验收、保管人员的协作，有责任提供有效的物品保管方法，防止因物品保管不妥而受损失。

（5）完成领导交办的其他各项工作。

三 采购谈判

采购谈判是指企业作为买方，为采购商品，与卖方厂商对购销业务有关事项，如商品的品种、规格、技术标准、质量保证、订购数量、包装要求、售后服务、价格、交货日期与地点、运输方式、付款条件等进行反复磋商，谋求达成协议，建立双方都满意的购销关系。

采购谈判的内容包括：

（1）货物的数量条件。

（2）货物的质量条件。

（3）货物的价格条件。

（4）货物的交货条件。

（5）货款的支付条件。

（6）检验、索赔、不可抗力和仲裁条件。

采购谈判在采购活动中的作用如下：

（1）可以争取降低采购成本。

（2）可以争取保证产品质量。

（3）可以争取采购物资及时送货。

（4）可以争取获得比较优惠的服务项目。

（5）可以争取降低采购风险。

（6）可以妥善处理纠纷，维护双方的利益及正常关系，为以后的继续合作创造条件。

实训任务单

实训名称	采购员岗位实训
实训任务	
学校现在需要采购一批办公用品，联系了好几家公司进行报价，根据供应商的报价我们已经做好了采购计划，现需要对采购过程中的质量、价格、交货期、付款进行谈判。如何准备采购谈判？	
实训要求	
（1）采购谈判。 （2）团队合作，积极参与。	

实训流程（步骤）

（1）调查公司业务需求，完成采购清单。
（2）调查待采购商品的质量、价格、售后、交货、付款等基本信息。
（3）采购谈判。
（4）总结在谈判过程中出现的问题以及改进方法。
（5）各组分别对其他组的成果进行打分。

实训评价

表 2-2　实训评价表

序号	检查项目及评价标准	分值	得分	备注
（1）	完成采购清单。	20		
（2）	调查待采购商品的质量、价格、售后、交货、付款等基本信息。	20		
（3）	采购谈判。	30		
（4）	谈判过程中的问题以及改进方法。	30		

教师评语：

教师签字：
年　月　日

实训体会：

学生签字：
年　月　日

拓展任务

东莞某公司采购过程中的“回扣”

卿某，30 岁，高中文化，原来是长安某电子科技有限公司采购员。检察机关称，2009 年 7 月至 2011 年 7 月期间，卿某利用其负责采购材料、委外加工的职务便利，私自向公司的供货商索要回扣，共非法收受 3 家供应商的回扣 17 万多元。

公诉人：“其行为已触犯《中华人民共和国刑法》第 163 条之规定，犯罪事实清楚，证据确实充分，应当以非国家工作人员受贿罪提起公诉。”

庭审中，卿某多次辩称，自己并未主动索要回扣，而且收回扣也是行业的“潜规则”。

公诉人：“你为什么要把自己的个人银行卡号给你的客户呢?”

被告人卿某：“我当初的想法没有那么多，我就觉得反正我不主动要，就给这个卡号在这里，你给就给呗，他（供货商）说这是行业的游戏规则。”

检察官出示的多家供应商证人证言显示，因担心失去业务和不能及时拿到货款，供应商无奈下才给卿某回扣。

最后，卿某哽咽着称，她是第一次犯罪，也愿意退赃，希望法官能给她一个改过自新的机会。

“有权不用，过期作废。”有的人就是抱着这样的想法。在生活当中，这些人仗着手中的小小权力做违法犯罪的事，对于这种行为应该大力打击，才能维护公平正义。

任务：结合本项目相关内容，谈谈你对本案例的感想。

项目三

仓储岗位实训

职业要求

《物流员国家职业标准》指出，物流从业人员要具有从事仓储作业组织和管理的基本职业能力，能够编制仓储与配送作业计划、编制仓储合同，熟悉仓储作业和配送作业基本程序，能认识仓储企业的岗位设置、仓储设施及设备。

任务导读

- 验收员岗位实训
  - 验收员岗位概述及岗位职责
  - 验收员作业流程
  - 验收员常见的签收方式及商品验收步骤
  - 验收作业中的工作要领
  - 货品的堆码及常见的托盘加固方法
  - 验收员岗位技能要求
  - 验收员工作评价指标和所处品保位置
- 保管员岗位实训
  - 保管员岗位概述及岗位职责
  - 储位的选择
  - 入库上架、整仓、盘点和补货
  - 保管员应掌握的技能
  - 保管员工作评价指标和所处品保位置
- 拣货员岗位实训
  - 拣货员岗位概述及岗位职责
  - 拣货作业的现代化程度
  - 物流中心的拣货方法和拣货流程
  - 拣货员需要掌握的技术
  - 拣货员工作评价指标和所处品保位置

- 复核员岗位实训
  - 复核员岗位概述及岗位职责
  - 复核工作流程
  - 复核员工作管理技能
  - 复核员工作评价指标和所处品保位置
- 仓储主管岗位实训
  - 仓储主管岗位概述及岗位职责
  - ABC 分类法
  - EIQ 分析法
  - 5S 管理方法

学习目标

知识目标：了解验收员岗位职责、作业流程和技术；了解保管员岗位职责和作业流程；了解拣货员的岗位职责和作业流程，掌握拣货策略的相关内容；了解复核员的岗位职责和作业流程，掌握流通加工的类型和意义；了解仓库主管的岗位职责和 ABC 分类法和 EIQ 分析法，养成良好的习惯。

能力目标：作为仓储工作人员，能够熟练使用液压托盘车并掌握商品堆码技巧，掌握相关保管技术并会使用办公软件制作物流常用工作表单；能够进行摘取式拣货和播种式拣货；能够熟练完成商品入库、在库、出库工作流程。

技能训练一 验收员岗位实训

教学准备

（1）分组教学的实训室，多媒体教学系统。
（2）液压托盘车实训场地。
（3）多种规格纸箱。

任务驱动

2016 年 3 月 5 日上午，珠海理工物流公司将珠海得一有限公司的一批商品卸至仓库待检区，验收员李刚负责该批货物的验收工作，他将如何验收？

问题与思考：

（1）不同的商品应选择怎样的验收方法？
（2）验收常见的问题有哪些？
（3）验收单据怎么填写？

知识探究

一　验收员岗位概述

（1）验收员岗位定义：验收员是仓储部门负责检验物流中心到货的质量与数量的作业人员。

（2）验收员工作地点：月台，物流中心用来装卸货品的地方。

二　验收员岗位职责

（1）指挥送货车辆停靠月台。
（2）核对供应商送货单与公司内预收货单。
（3）指导或参与搬卸，将货品堆叠在托盘上。
（4）对商品进行验收。
（5）打印“入库验收单”并交由供应商签字。
（6）签收供应商“送货单”。
（7）单据交接（法律上完成了货品所有权的转移，划清了责任）。
（8）签发相关单证，让送货方离开公司。
（9）验收完毕后，将商品放于“收货暂存区”，等待保管员接管。
（10）执行工作区域内的“5S”管理。

三　验收作业概述

（一）验收员作业流程

验收员的工作流程图、工作步骤和工作说明见表 3－1。

表 3－1

流程图	工作步骤	工作说明
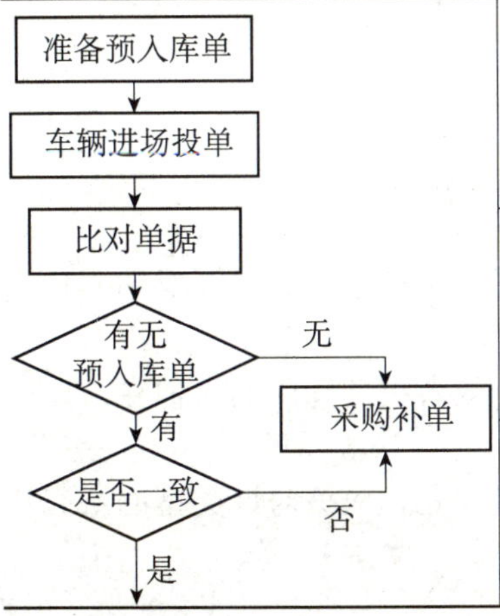	准备预入库单	验收员请信息员打印当天将要进货的预入库单
	车辆进场投单	验收员指挥车辆进场停靠在月台指定位置，司机将随车送货单交给验收人员
	比对单据	比对随车送货单和预入库单上货品品名、规格和数量是否一致

续前表

流程图	工作步骤	工作说明
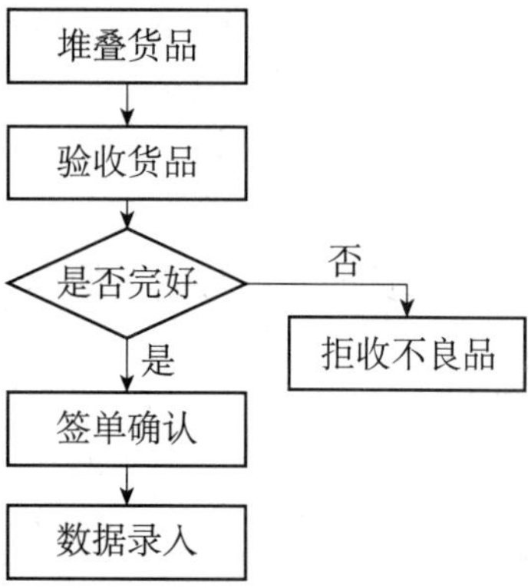	堆叠货品	指导将货品卸下并交叉堆叠到托盘上，同种货品堆放在同一托盘上
	验收货品	验收员按托盘逐一清点货品数量、规格，检查货品质量（包装、条码等），并将托盘上的货品数量标注在托盘上
	签单确认	验收无误后，验收员在送货单上签字确认
	数据录入	验收员用 RF 将验收好的货品信息录入 WMS 系统
	确认入库	数据录入完毕后入库单确认前，验收员请信息员打印入库单，核对一遍实物，无误后签名确认 信息员收到验收员签字的入库单后进行入库确认

（二）常见验收工具

验收作业常用的工具有：磅秤、地磅、游标卡尺和卷尺（见图 3-1）。

磅秤

地磅

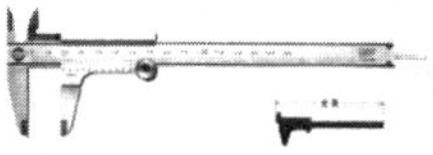

游标卡尺

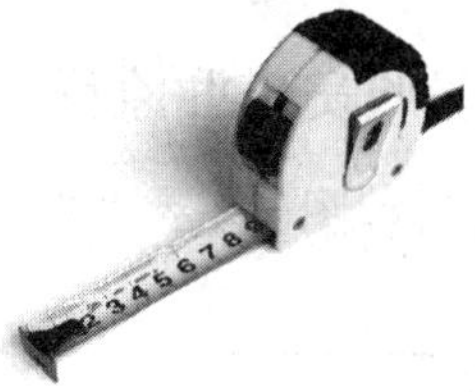

卷尺

图 3-1　常见验收工具

（三）验收作业中的工作要领

（1）验收商品时必须有供应方代表在场。

（2）检验货品外包装时，若发现外包装有变形、破损、受潮等现象时，要对问题货品拍照，并做详细记录，以便于对责任的认定。

（3）对于货物的质量，应按合同约定的时间进行检验，或者按照仓库的习惯在入库后的 3 天内进行检验，国外到货 10 天内完成验收。

（4）抽样检验货品时，若发现某一类型的货品存在质量问题，应该对该类型的所有货品进行检验，对外包装不完好的货品也要全部进行检验。

（四）堆码技术

堆码就是使货品整齐有序地堆放以达到节约仓储空间、方便清点、易于移动的目的。

1. 堆码的原则

（1）一块托盘只能摆放同一种规格、同一批次的货品。

（2）每层所摆放的货品必须相同。

（3）货品标识朝外。

（4）堆码的层数应在单位货品的承重范围内。

2. 常见的托盘堆码方法

（1）重叠式堆码。

重叠式堆码各层码放方式相同，上下对应（见图 3－2）。

重叠式堆码的优点：易于操作，四个角边垂直重叠，承载力大。

重叠式堆码的缺点：层间缺少咬合，稳定性差，适用于自动堆码，需要对托盘紧固。

重叠式堆码的适用范围：面积较大的货物。

（2）纵横交错式堆码。

纵横交错式堆码的第一层为横向放置，第二层为纵向放置，依此类推（见图 3－3）。

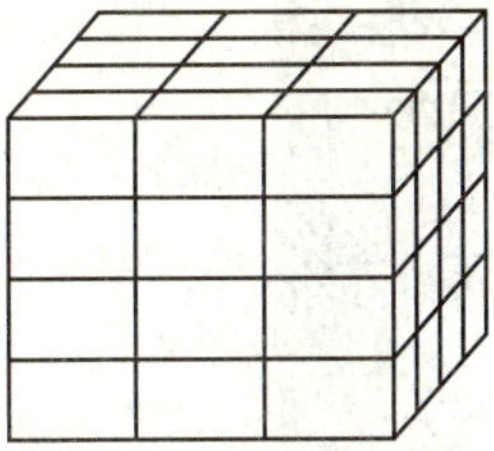

图 3－2　重叠式堆码

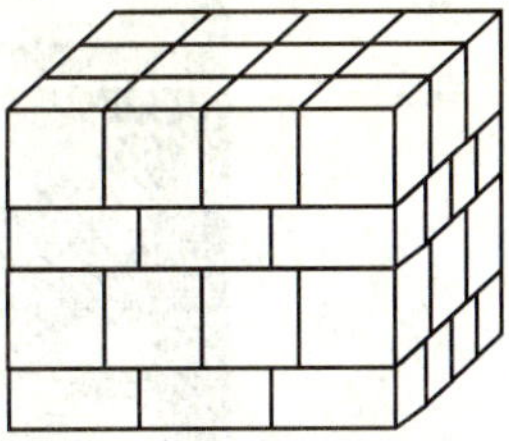

图 3－3　纵横交错式堆码

纵横交错式堆码的优点：操作简单，咬合力尚可。

纵横交错式堆码的缺点：咬合强度不够，稳定性不足。

纵横交错式堆码的适用范围：一般适用于机器操作。

（3）正反交错式堆码。

正反交错式堆码的同一层中不同列的货品相互垂直，两层间的码放相差 180°（见图 3－4）。

正反交错式堆码的优点：咬合程度较高，相邻层间不重缝，稳定性高。

正反交错式堆码的缺点：操作较麻烦，速度慢。

图 3－4　正反交错式堆码

（4）旋转交错式堆码。

旋转交错式堆码的每层相邻两个货品互为 90°，两层间的码放相差 180°（见图 3－5）。

旋转交错式堆码的优点：咬合程度高，不易倒塌。

旋转交错式堆码的缺点：码放难度较大，而且中间有可能形成空隙，降低托盘装载能力。

（5）宝塔式堆码。

宝塔式堆码呈几何级数递减，上层货品同时压住下层并邻的多个货品，如金字塔般向上堆叠（见图 3－6）。

宝塔式堆码的优点：稳定性最好。
宝塔式堆码的缺点：托盘使用率最低。
宝塔式堆码的适用范围：适用于货物较少、一眼能看清的情况。

图 3－5　旋转交错式堆码

图 3－6　宝塔式堆码

3. 常见的托盘加固方法

(1) 捆扎加固。

捆扎加固是指利用绳索、捆扎带、打包带等对托盘进行加固（见图 3－7、图 3－8）。

图 3－7　捆扎加固 1

图 3－8　捆扎加固 2

（2）网罩加固。

网罩加固是指使用一个网套在托盘上进行加固（见图 3－9）。

图 3－9　网罩加固

（3）PE 缠绕膜缠绕加固。

PE 缠绕膜也称塑料薄膜和拉伸膜，用 PE 缠绕膜加固的方法包括自动缠绕机缠绕加固和纯手工缠绕加固（见图 3－10、图 3－11）。

图 3－10　自动缠绕机缠绕加固

图 3－11　纯手工缠绕加固

（4）热收缩膜加固。

热收缩膜加固是指将热收缩膜先套于货物之上，然后进行加热处理，热收缩膜就会紧缩于货品之上。能封五面，起防水防雨的作用（见图 3－12）。

图 3－12　热收缩膜加固

（五）验收员岗位技能要求

（1）熟练使用办公软件（如 Word、Excel 等）。
（2）熟悉企业收货流程。
（3）熟练掌握托盘堆码技术。
（4）熟悉日常验收货品的性能、特点。
（5）会使用仓库设备，如叉车、液压托盘、磅秤等。
（6）能使用 RF 终端收货，并能排除简单的操作故障。

（六）验收员工作评价指标和所处品保位置

验收员工作评价指标有单位商品验收时间和验收商品差异率。

单位商品验收时间＝验收总时间÷验收商品总件数

验收商品差异率＝验出商品差异数÷商品总差异数×100％

验收员的工作质量将由保管员来监督，保管员负责找出验收错的货品，因此，验收正确率将由保管员来提供。

实训任务单

实训名称	千分尺读数
实训任务	
测量砝码的外径、厚度。	
实训要求	
（1）测量时，在测微螺杆快要靠近被测物体时应停止使用旋钮，而改用微调旋钮，避免产生过大的压力，既可使测量结果精确，又能保护螺旋测微器。 （2）在读数时，要注意固定刻度尺上表示半毫米的时刻是否已经露出。 （3）读数时，千分位有一位估读数字，不能随便扔掉，即使固定刻度的零点正好与可动刻度的某一刻度线对齐，千分位上也应读取为“0”。 （4）当小砧和测微螺杆并拢时，可动刻度的零点为固定刻度的零点不相重合，将出现零误差，应加以修正，即在最后测长度的读数上去掉零误差的数值。	
实训流程（步骤）	
（1）测量砝码外径，旋转一定角度，再测一次，再旋转一定角度，测第三次，求三次均值。 （2）测量砝码厚度，旋转一定角度，再测一次，再旋转一定角度，测第三次，求三次均值。	

实训评价

表 3-2　　实训评价表

序号	检查项目及评价标准	分值	得分	备注
(1)	测量的结果正确。	60		
(2)	千分尺操作规范。	40		

教师评语：

教师签字：
年　月　日

实训体会：

学生签字：
年　月　日

拓展任务

通过长期训练，要求同学们在 2 分钟内完成液压托盘车的场地实操。

资料链接

（1）质量验收标准。
（2）包装储运相关标识。
（3）条码、规格、保质期及外包装。

技能训练二　保管员岗位实训

教学准备

（1）多媒体教学系统、视频。
（2）电脑、网络、笔和纸。

任务驱动

2016 年 2 月 27 日上午，在得一公司的货物完成理货作业后，仓储主管范伟安排王珂作为装卸搬运人员完成该批货物的上架作业。

问题与思考：

(1) 如何选择合理的工具进行上架作业？

(2) 物资搬运的原则有哪些？

知识探究

一 保管员岗位概述

保管员是物流中心仓库内负责货物保管及存货管理的人员，对储位准确率和库存准确率负有重大的责任，其主要工作有入库、整仓、补货、储位管理、盘点等。保管员的岗位职责包括以下内容。

（一）货品入库上架

(1) 使用设备将托盘从收货暂存区放到对应的储位上。

(2) 将储位信息录入 WMS 系统。

（二）整仓与补货

(1) 按照整仓标准对货品进行整仓。

(2) 对拣货区货品进行补货。

（三）仓库管理

(1) 负责查找储位和库存异常的原因并处理。

(2) 负责仓库内部相关信息的统计。

（四）盘点

(1) 日常盘点，包括动态盘点和抽盘。

(2) 定期盘点。

（五）执行 5S 及设备维护

保管员负责执行管辖区内的 5S 工作以及相关设备的维护工作。

（六）返品移库交接

负责签收退货库移交过来的正常品。

二　储位的选择

储位的选择有以下两种方式：

第一种是指由 WMS 系统根据预入的储位指定保管员放在哪里。

第二种是指由保管员为货品指派储位，即保管员根据货品的外形高度宽度、存储属性决定应放在哪里。指派储位时，保管员一般遵循以下原则：

(1) 同一性：相同类型的货品应存放在相邻位置。

(2) 相似性：相似货品应该存放在附近位置。

(3) 下重上轻：重的货品应该放在货架底部，轻的货品放在上层。

(4) 高近低远：出货频率越高的应越靠近出货口位置，以方便拣取。

(5) 短近长远：储存期较短的应放在出货口位置，以方便拣取。

三　保管员的工作内容

（一）入库上架

入库上架的流程图、工作步骤和工作标准见表 3-3。

表 3-3

流程图	工作步骤	工作标准
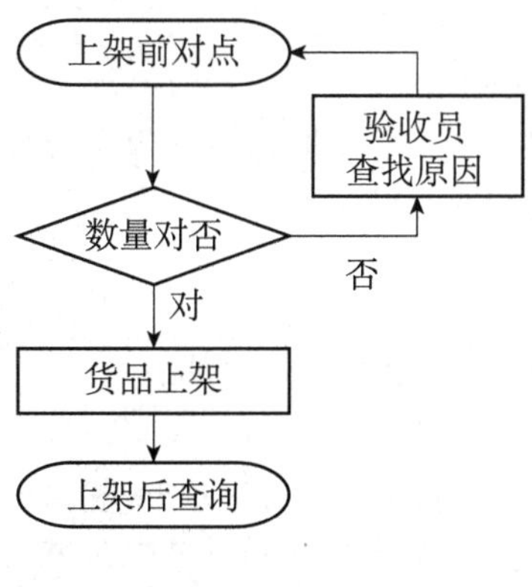	储位录入	(1) 上架请根据 WMS 派发的储位或自行选择储位。 (2) 若目的储位未净空，须及时查找原因并更正。
	货品上架	
	上架后查询	

（二）整仓

整仓流程图、工作步骤和工作标准见表 3-4。

表 3－4

流程图	工作步骤	工作标准
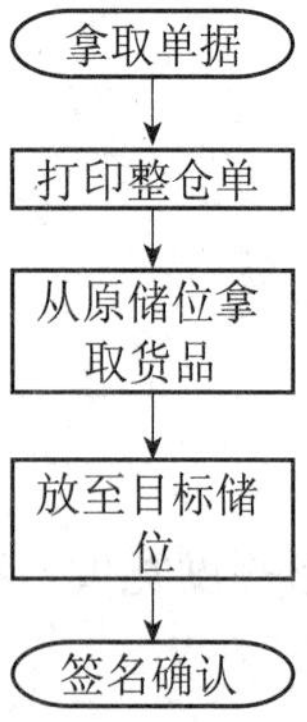	确定需要调整的储位	(1) 从 WMS 系统中找出有相同规格、型号、批次的商品。 (2) 人工巡查仓库发现需要调整的储位，并打印整仓单。
	货品整仓	(1) 不同储位的货品规格、型号、批次号、生产日期等完全一致的才能拼在一起。 (2) 从取货储位移取相应数量的货品放到目的储位。 (3) 完成整仓后在单证上签名并交至信息处。

(三) 盘点

为避免账、物不符的情况出现，需要对货品进行不定期的检查，从中发现问题并调整，最终获得真实正确的库存信息。

一般大型物流中心的库存准确率约为 99.99%，物流公司的库存准确率约为 99.9%。

盘点流程图、工作步骤和工作说明见表 3－5。

表 3－5

流程图	工作步骤	工作说明
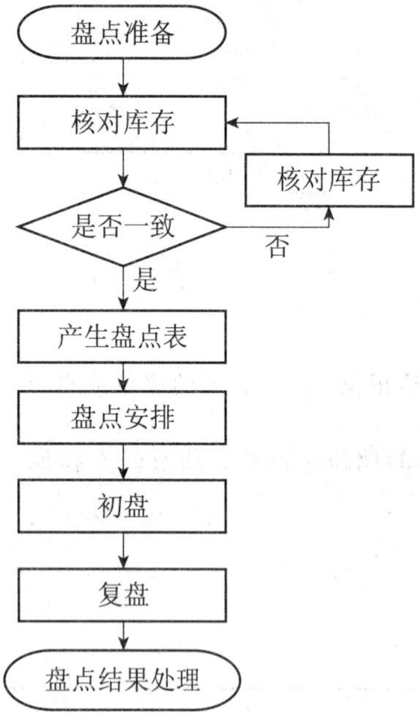	盘点准备	盘点前应确认 WMS 系统内所有的单据都已经确认，所有的暂挂库存都已经处理
	产生盘点表	信息人员在 WMS 系统中按层产生盘点表，以利于盘点；记录该次盘点的单号
	盘点安排	组长安排盘点人员及盘点区域
	初盘	盘点人员两人一组进行盘点，一个清点货品数量，另一个操作 RF
	复盘	初盘完毕，报告组长，组长交换盘点表进行复盘；复盘完毕在盘点表上签名确认
	盘点结果处理	复盘完毕，组长收集所有的盘点表，无误后交给信息人员；信息人员根据盘点结果在 WMS 中修改实盘数量

盘点差异处理分以下情况：

(1) 信息输入有误。比如验收员将两种商品混淆验收导致保管员入库错误、信息员多打了一个零、保管员上架储位放错导致张冠李戴等。处理方法是：内部调整处理，相关人员追究责任。

（2）实物盈缺。找出各种单证一步一步地查，调阅 WMS 系统里的相关产品的所有进出库信息，直至确定哪一步出错了，之后上报明确责任。盘盈的处理方法是：及时上报，千万不要有“先不上报，等以后少了再补”的想法，有时候盘盈比盘亏更可怕。盘亏的处理方法是：如果为多发要的，及时通知收货单位追回货物，如果是因管理不当（如被内部人员偷窃了、无心损坏了等）造成盘亏的，应及时汇报上级以后加强人员管理（如安装摄像头、设置警卫等）。

图 3－13 为一个盘点表的实例。

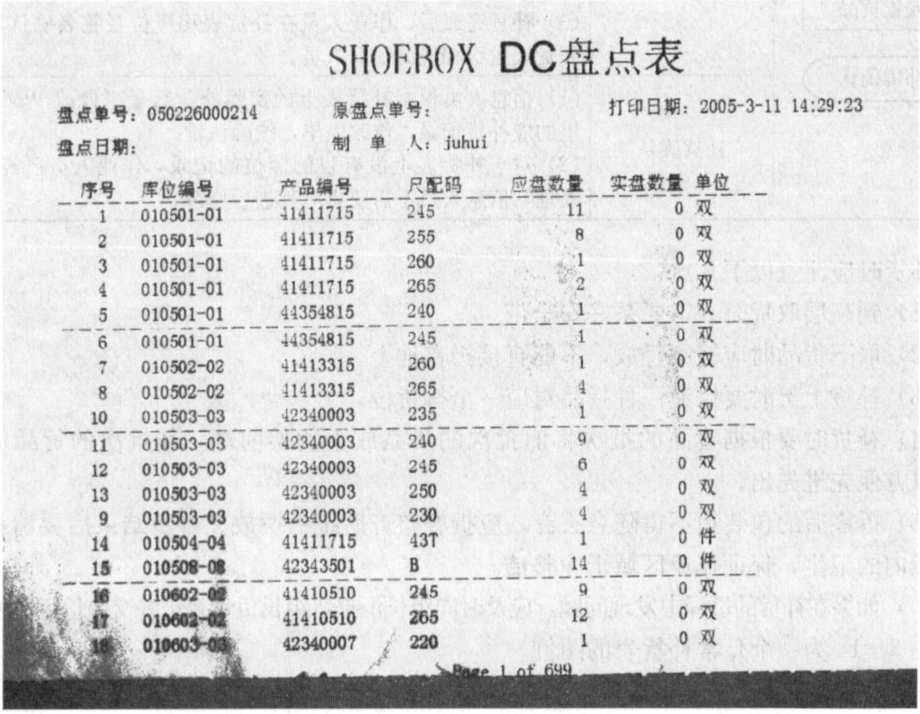

SHOEBOX DC盘点表

盘点单号：050226000214　　原盘点单号：　　打印日期：2005-3-11 14:29:23

盘点日期：　　制 单 人：juhui

序号	库位编号	产品编号	尺配码	应盘数量	实盘数量	单位
1	010501-01	41411715	245	11	0	双
2	010501-01	41411715	255	8	0	双
3	010501-01	41411715	260	1	0	双
4	010501-01	41411715	265	2	0	双
5	010501-01	44354815	240	1	0	双
6	010501-01	44354815	245	1	0	双
7	010502-02	41413315	260	1	0	双
8	010502-02	41413315	265	4	0	双
10	010503-03	42340003	235	1	0	双
11	010503-03	42340003	240	9	0	双
12	010503-03	42340003	245	6	0	双
13	010503-03	42340003	250	4	0	双
9	010503-03	42340003	230	4	0	双
14	010504-04	41411715	43T	1	0	件
15	010508-08	42343501	B	14	0	件
16	010602-02	41410510	245	9	0	双
17	010602-02	41410510	265	12	0	双
18	010603-03	42340007	220	1	0	双

Page 1 of 699

图 3－13　盘点表

（四）补货作业

补货作业是指为保证拣货位货品数量充足或为方便拣货员拣取货品而从储货位将货品拆零拿到拣货位的行为。补货作业一般分为以下三种：

（1）批次补货。

（2）定时补货。

（3）随机补货。

补货作业的流程图、工作步骤和工作说明见表 3－6。

表 3-6

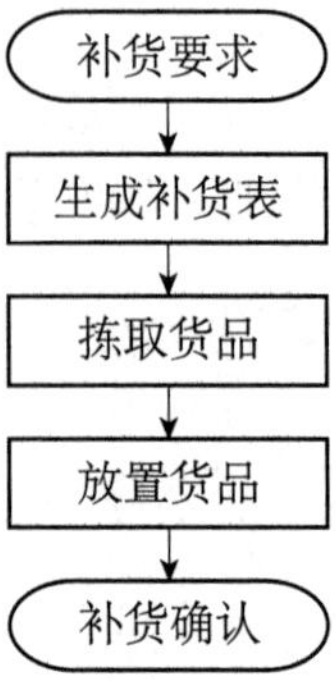

流程图	工作步骤	工作说明
	补货要求	(1) 作业人员向信息人员提出补货要求。 (2) 信息员定时查看 WMS 系统中拣货位的储量，一旦发现少于预设值就打印补货单。
	生成补货表	(1) 信息人员在 WMS 中生成补货表，并打印。 (2) 信息人员发放补货表给作业人员。
	补货	(1) 一组作业人员根据补货表信息将高层储位货品取下，并在货品外箱上注明补货储位；如果取不到补货表上注明的数量，则按实际取到的数量来修改补货表上的取货数量。 (2) 一组作业人员将货品拆箱，并依据外箱上的储位标注将零散货品放到对应储位上。 (3) 补货完成后，作业人员在补货表相应位置签名确认，并将补货表送给相应的信息人员。
	补货确认	(1) 信息人员根据补货表上的实际修改数量来修改 WMS 系统里的应补货记录，修改完毕，按确认键。 (2) 对于补货表上没有目的储位的记录，作业人员已经用 RF 处理，信息人员不需要再对其进行修改。

补货时应注意以下几点：

(1) 到高层取货时一定要系好安全带。

(2) 取下货品时应轻拿轻放，不能直接扔在地上。

(3) 补货上架时要保证一种货品对应一个拣货位。

(4) 补货时要根据货品的批次将旧批次的货品放于货架前端，新批次的货品放于后面，以方便先进先出。

(5) 拆零后的包装箱不得随意丢弃，应折叠整齐后统一摆放。补货结束后要清扫所管辖区域内的卫生，保证作业区域干净整洁。

(6) 如果在补货的过程中发现问题，应及时向组长汇报，组长负责登记并交由信息员处理。

图 3-14 为一个日常补货表的图例。

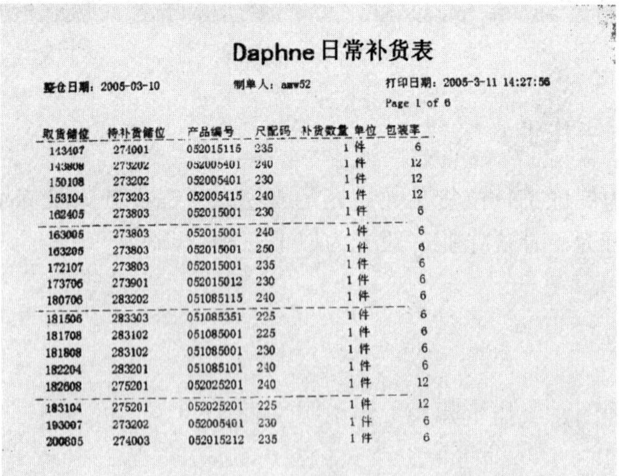

Daphne 日常补货表

整仓日期：2005-03-10　　制单人：amw52　　打印日期：2005-3-11 14:27:56

Page 1 of 6

取货储位	待补货储位	产品编号	尺配码	补货数量	单位	包装率
143407	274001	052015115	235	1	件	6
143808	273202	052005401	240	1	件	12
150108	273202	052005401	230	1	件	12
153104	273203	052005415	240	1	件	12
162405	273803	052015001	230	1	件	6
163005	273803	052015001	240	1	件	6
163205	273803	052015001	250	1	件	6
172107	273803	052015001	235	1	件	6
173706	273901	052015012	230	1	件	6
180706	283202	051085115	240	1	件	6
181506	283303	051085351	225	1	件	6
181708	283102	051085001	225	1	件	6
181808	283102	051085001	230	1	件	6
182204	283201	051085101	240	1	件	6
182608	275201	052025201	240	1	件	12
183104	275201	052025201	225	1	件	12
193007	273202	052005401	230	1	件	6
200605	274003	052015212	235	1	件	6

图 3-14　日常补货表

四 保管员应掌握的技能

保管员应掌握以下技能：

（1）办公软件和 WMS 系统的使用。

（2）熟悉所管辖区的储位状况。

（3）了解日常各类货品的性能、特点。

（4）能熟练使用各种仓储设备（如铲车、堆高车、液压车等）。

（5）能使用 RF 进行整仓和盘点作业，并能排除简单的操作故障。

五 保管员工作评价指标和所处品保位置

1. 工作评价指标

补货时间延迟率＝延迟补货的货品总量÷补货总量×100％

盘点误差率＝盘点错误数÷盘点的总数×100％

储位准确率＝库内准确储位数÷总储位数×100％

2. 所处品保位置

保管员的工作质量由拣货员来监督，拣货员完全依赖于保管员工作的效率。

实训任务单

实训名称	货位编号实训
实训任务	
对仓储实训室的重型货架、立体货架、轻型货架和流利货架进行货架货位编号并画出货架货位编号的正视图。	
实训要求	
货位编号好比商品在库的“住址”。根据不同库房条件、商品类别和批量整零的情况搞好货位画线及编排序号，以符合“标志明显易找、编排循规有序”的要求。	
实训流程（步骤）	
（1）观察 1 楼仓储实训室的四种货架，分别为重型货架、立体货架、轻型货架和流利货架。 （2）用卷尺测量货位的相关尺寸。 （3）利用四号定位法和坐标法对四种货架进行货位编号，并以 PPT 形式将货位编号正视图画好。	

实训评价

表 3-7 实训评价表

序号	检查项目及评价标准	分值	得分	备注
(1)	货架编号准确。	50		
(2)	货架编号正视图正确美观。	50		

教师评语：

教师签字：
年 月 日

实训体会：

学生签字：
年 月 日

拓展任务

以小组为单位在纸上设计出以下相关单证：

(1) 供应商送货单。

(2) 验收员的入库验收单。

(3) 整仓单。

(4) 货品盘点表。

(5) 补货单。

设计单证时，请注意相关单证的格式、需要的栏数、需要哪些人员签字等。

制作完毕后请写上所在小组号。

资料链接

请同学们在求职网站（如 51job、智联招聘等）上搜索仓库保管员的应聘要求，并做详细记录，结合自身情况，比较差距。

技能训练三 拣货员岗位实训

教学准备

(1) 多媒体课件、视频。

（2）物流实训室。
（3）电脑、笔和纸。

任务驱动

请同学们认真观看各种企业的拣货影片，并亲身体验摘取式拣货和播种式拣货。

问题与思考：

（1）如何选择正确的拣货策略？
（2）摘取式拣货适用于什么情况？
（3）播种式拣货适用于什么情况？

知识探究

一　拣货员岗位概述和岗位职责

拣货员是物流中心仓库内负责拣取货品的人员。其主要工作是按照拣货指示正确地拣取货品，并将其搬运到复核区，其工作地点为仓库内部。拣货工作是整个仓储作业中最耗劳力的，人数一般占整个物流中心总人数的40%～60%。拣货员的岗位职责如下：

（1）按照拣货指示正确地拣取货品，并将其搬运到复核区交给复核员点货。
（2）负责填写本区域商品的缺货单，统计缺货率（对保管员的工作进行考核）。
（3）执行工作区域内的“5S”管理。

二　拣货作业的现代化程度

（一）人工拣货

采用人工拣货的，每个拣货员每8小时可以拣取250～400箱货品。

人工拣货的前期投入很少，每天拣货量小于5 000箱时适用，中小型物流公司一般会选择这种拣货方式。

人工拣货的劳动强度大，分拣效率低下，出错率在3%左右。

（二）机械辅助拣货

在机械辅助拣货方式下，出现了简单的电子以及相关辅助设备，如电子标签拣货、滚轴输送机等。

机械辅助拣货方式前期投入一般，人工劳动强度和成本降低，分拣效率提高。

机械辅助拣货方式目前为大多数专业物流中心所使用，适合每天拣取5 000～20 000

箱货物的物流企业采用。

（三）自动化拣货

自动化拣货由计算机发出指令，相关机械自动拣取货品，人工投入很少。

自动化拣货在设备方面的投入很大，拣货效高率大大提高，目前国内采用这种拣货方式的物流企业很少。

三 物流中心的拣货方法

（一）摘取式拣货

摘取式拣货是指以每张订单为单位，作业人员巡回于仓库内，将订单上的商品逐一拣取集中，是较传统的拣货策略。拣货流程图、工作步骤和工作说明见表 3－8。

表 3－8

流程图	工作步骤	工作说明
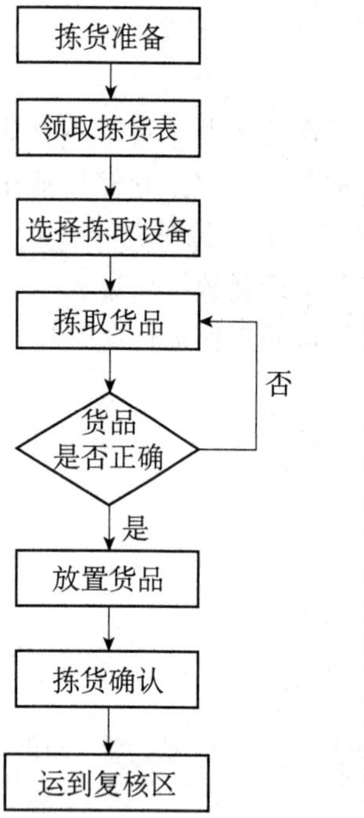	拣货准备	（1）信息专员生成拣货表，并打印。 （2）组长从信息员处领取拣货表，并签名确认。 （3）组长分配工作，将拣货表分发给拣货人员。 （4）拣货人员到工具区选择拣货工具。
	拣取货品	（1）拣货人员根据拣货表信息找到储位。 （2）拿取货品，确认拿取的货品是拣货表上显示要拣的货品。 （3）确认无误后，在拣货表数字上打钩。 （4）当储位上货品数量不足时，则在拣货表对应的数量右侧标明实际拣取数量。 （5）将拣出的货品放置在托盘上或物流箱里面。

摘取式拣货需要注意以下几点：

（1）一个物流箱内必须是同一个客户的东西，严禁混淆。

（2）每个物流箱外只能有一个标签，标签所反映的应该是客户编号或订单编号，以便复核员复核。

（3）放置货品时应遵守下重上轻原则，避免商品被压坏。

摘取式拣货表图例见图 3－15。

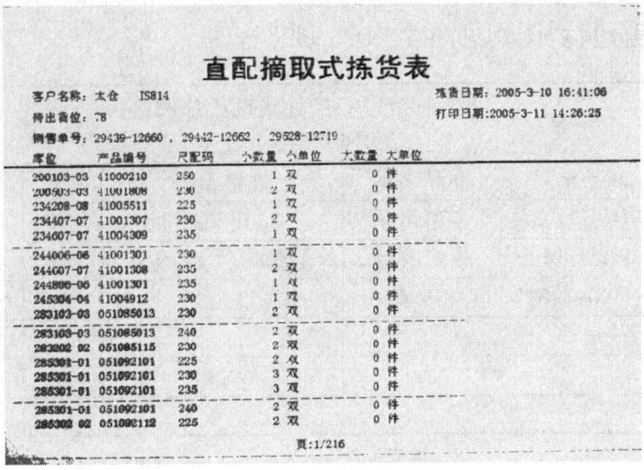

直配摘取式拣货表

客户名称：太仓　IS814　　残货日期：2005-3-10 16:41:06

待出货位：78　　打印日期:2005-3-11 14:26:25

销售单号：29439-12660，29442-12662，29528-12719

库位	产品编号	尺配码	小数量	小单位	大数量	大单位
200103-03	41000210	250	1	双	0	件
200503-03	41001808	230	2	双	0	件
234208-08	41005511	225	1	双	0	件
234407-07	41001307	230	2	双	0	件
234607-07	41004309	235	1	双	0	件
244006-06	41001301	230	1	双	0	件
244607-07	41001308	235	2	双	0	件
244806-06	41001301	235	1	双	0	件
245304-04	41004912	230	1	双	0	件
283103-03	051085013	230	2	双	0	件
283103-03	051085013	240	2	双	0	件
283202 02	051085115	230	2	双	0	件
285301-01	051092101	225	2	双	0	件
285301-01	051092101	230	3	双	0	件
285301-01	051092101	235	3	双	0	件
285301-01	051092101	240	2	双	0	件
285302 02	051092112	225	2	双	0	件

页:1/216

图 3-15　摘取式拣货表

摘取式拣货适合多客户、少量多样的订货。它的优点是：

(1) 作业方法简单，一个人就能完成。

(2) 前置时间短，拿到单证即可开始。

(3) 作业人员责任明确，容易公平分工。

摘取式拣货的缺点如下：

(1) 商品品类多时，拣货行走路径加长，拣取效率低。

(2) 拣货区域大时，搬运困难。

(二) 播种式拣货

播种式拣货是指由 WMS 系统将多张订单集合成一批，依商品类别将数量汇总后再进行拣取，然后按客户再做分货处理。

播种式拣货的流程图、工作步骤和工作说明见表 3-9。

表 3-9

<table>
<tr><th>流程图</th><th>工作步骤</th><th>工作说明</th></tr>
<tr><td rowspan="6">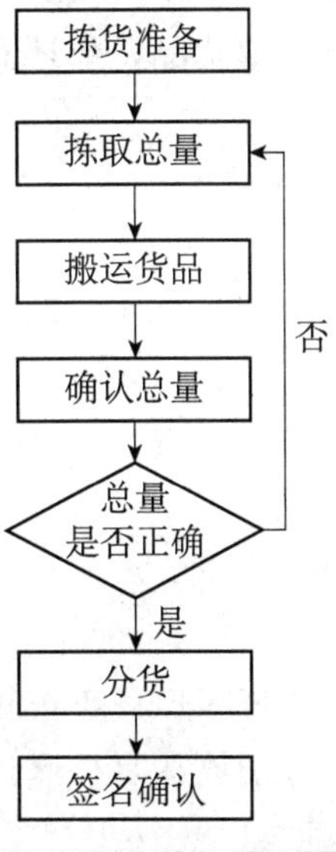
</td><td>拣货准备</td><td>从组长或信息员处领取拣货单</td></tr>
<tr><td>拣取总量</td><td>(1) 拣货人员根据拣货表信息找到储位。
(2) 拿取货品，确认拿取的货品是拣货表上显示要拣的货品。
(3) 确认无误后，在拣货表上标记确认。
(4) 当储位上货品数量不足时，报告组长，由组长查找保管员或信息员核对信息。
(5) 将拣出的货品靠边放置在托盘或其他搬运设备上。</td></tr>
<tr><td>搬运货品</td><td>搬运人员将货品搬运到分货区（播种区）。</td></tr>
<tr><td>分货</td><td>(1) 唱单人员首先确认货品总量是否正确，若正确，则进行分货，若不正确，请重新去拣取总量。
(2) 分货时，唱单人员报出各门店要货数量，分货人员将货品逐一分配到对应门店托盘。
(3) 若因实物库存不足导致无法分配，请通知组长，由组长决定如何分配。</td></tr>
<tr><td>签名确认</td><td>(1) 当一张拣货表拣货完成后，拣货员在其右下角签名。
(2) 拣货完毕，所有表单上交给组长或信息员。</td></tr>
</table>

拣货总表和拣货分货表图例见图 3－16、图 3－17。

××物流中心播种式拣货总表 2016－12－4							
序号	取货储位	商品编号	商品名称	规格型号	单位	应出数量	实出数量
1	0506010101	5P00771410	百事可乐	600ml×24 瓶	箱	80	
2	0507020103	5P00971489	乐事薯片	250 克×48 包	箱	76	
3	0701040102	SH00873017	心相印纸巾	10 张×3 层×100 包	箱	42	

制单员：　　　　拣货员：　　　　复核员：

图 3－16　××物流中心播种式拣货总表

××物流中心分货表 2016－12－4								
序号	门店编号	商品银号	商品名称	规格型号	单位	笼车号	分货数量	实际数量
1	家乐福石龙路店	SP00771410	百事可乐	600ml×24 瓶	箱	0078	45	
2	家乐福石龙路店	SP00971489	乐事薯片	250 克×48 包	箱	0078	20	
3	家乐福石龙路店	SP00873017	心相印纸巾	10 张×3 层×100 包	箱	0078	20	
4	好得南站店	SP00771410	百事可乐	600ml×24 瓶	箱	0043	35	
5	好得南站店	SP00971489	乐事薯片	250 克×48 包	箱	0043	56	
6	好得南站店	SP00873017	心相印纸巾	10 张×3 层×100 包	箱	0013	25	
7								

制单员：　　　　拣货员：　　　　复核员：

图 3－17　××物流中心分货表

播种式拣货一般需要两人或更多人员来完成，即一个唱单人员或多个分单人员。播种式拣货由于一次拣取同一种商品的数量很大，所以一般直接到保管区拣取货品，如还有零散的，则到拆零区补充。

播种式拣货适合订单数量庞大，少样多量订货。其优点是：

（1）缩短拣取时行走的距离，增加拣货效率。

（2）分货作业使拣货正确率提高。

播种式拣货的缺点是：

（1）分货增加了作业环节，需要另备额外的分货作业空间。

（2）多环节、多作业人员参与致使责任不明确。

（三）复合拣货法

复合拣货法是摘取拣货法和播种拣货法的混合运用。由 WMS 系统将客户订单进行分割，某些商品用摘取式，其余则用播种式，最后所有被拣选出的商品分别放在复核区。复合式拣货法能够大大提高拣货效率。

四 拣货员需要掌握的技术

拣货员需要掌握以下技术：

（1）了解商品的包装率，熟悉商品的摆放位置。

（2）会使用液压托盘车、笼车、物流箱等作业工具。

（3）使用电子标签拣货时，要求掌握相关设备的操作，如熟悉电子标签各按钮的作用等。

五 拣货员工作评价指标和所处品保位置

（一）工作评价指标

拣货员的工作评价指标主要有拣货错误率和拣货效率。

拣货错误率＝拣货错误的数量/拣货总数量×100%

拣货效率＝单位时间内拣取的货物总数量/作业时间

（二）所处品保位置

拣货员的工作质量将由复核员来监督，复核员将会抓到拣错的货品，因此，拣货错误率将由复核员来提供。

实训任务单

实训名称	计算机辅助摘取拣货实训
实训任务	

按照拣货单，依照电子标签指示，进行摘取式拣货。拣货单见表 3－10。

表 3－10　　**拣货表**

订单号：Y20100412007-2　　制单时间：2016.4.12

商品编号	商品名称	库位	单位	数量	备注
00335832	舒蕾健康去屑洗发露	B020103	箱	8	
00336621	六神清爽去屑洗发露	B020107	箱	3	
00336622	六神清爽润肤洗发露	B030206	箱	7	
00336631	六神清爽柔顺洗发露	B030301	箱	2	
00336632	霸王中药乌黑洗发露	B030107	箱	4	
总　计			箱	24	

客户名称：美宜佳珠海 888 街店

地址：

制单：　　分拣人员：　　财务：

实训要求

（1）实训时间为6分钟，超过6分钟的不予计分。
（2）实训过程中，组长负责记录实训者的错误原因和错误次数。
（3）实训过程中，老师负责发放实训资料（“拣货单”）计时，并在实训后根据组长提供的实训者实训情况计算实训得分。
（4）一个实训结束后，下一个实训者接着进行实训。

实训流程（步骤）

（1）信息员到老师处领取“订单”。
（2）老师宣布实训开始并计时。
（3）信息员登录系统。
（4）信息员依“订单”输入与审核订单信息。
（5）信息员依据委托方的采购单生成拣货数据。
（6）信息员打印拆零拣货单交给拣货员。
（7）拣货员选择合适的搬运设备（液压托盘车/笼车/物流箱）到拆零拣货区拣货。
（8）信息员启动CAPS拣货程序。
（9）拆零拣货员根据CAPS标签显示信息进行摘取式拣货。
（10）拆零拣货员把已拣货品搬运至拆零复核区。
（11）复核员复核货品，复核无误后在拆零拣货单上签名，并把货品搬运至出货合流区指定位置。
（12）搬运设备归位，单据交给老师（采购单、订单和拣货单），老师停止计时。

实训评价

表3-11　实训评价表

序号	检查项目及评价标准	分值	得分	备注
（1）	搬运设备与货架有一次碰撞。	−5		
（2）	拣货过程中货损一件。	−10		
（3）	拣货过程中货物掉落一件。	−5		
（4）	拣货错误一件。	−10		
（5）	拣货单填写一处错误。	−5		
（6）	没有复核或者复核错误。	−10		

教师评语：

教师签字：
年　　月　　日

实训体会：

学生签字：
年　　月　　日

拓展任务

案例分析：关于淘宝店老板小张是否购买电子标签拣货系统的讨论。

知识链接

世界先进的大型物流中心货物自动分拣系统演示。

技能训练四　复核员岗位实训

教学准备

（1）多媒体课件、视频。

（2）电脑、网络。

（3）笔和纸。

任务驱动

宏达物流公司接到兴华公司的出库通知单后开始为其准备出库货品。山水货运公司在第二天准备提取客户兴华公司的一批货物时，方达公司的核单人员方宁发现出库通知单上的 DELL 液晶显示屏/E2209M 与提货单上的 DELL 液晶显示屏/E2209M 型号不符。

任务：请思考发生上述情况后，方宁应该怎样处理。

问题与思考：

（1）复核员的工作职责有哪些？

（2）复核的工作流程是怎样的？

知识探究

一　复核员岗位概述及岗位职责

复核员的主要工作是按照拣货单清点货品数量，保证出库货品的正确性。复核员的岗位职责如下：

（1）包装：将待出库货品按客户打包封箱成“件”。

（2）复核：核对拣货单据与拣出的货品是否一致。

（3）合流：将每个用户的货品搬运至出货合流区或出货暂存区指定的地点进行合流，并记录每张订单的件数。

（4）交接货品：凭出库单与储运员交接货品，并签名确认。

（5）执行工作区域内的“5S”管理。

出库复核的类型有三种：

（1）抽取式复核。复核员随机抽取几张订单，对被抽取的订单上的货品进行复核，根据企业实际人员与出货量的比例自行安排。其优点是减少了人工成本；其缺点是发货错误率提高，客户满意度降低。

（2）完全式复核。即对所有订单100%都进行复核。其优点是错误率大大降低；其缺点是复核员人很多，人工成本很高。

（3）交叉式复核。这是企业常用的复核方式。

二 复核工作流程

复核工作流程图、工作步骤和工作说明见表3－12。

表3－12

流程图	工作步骤	工作说明
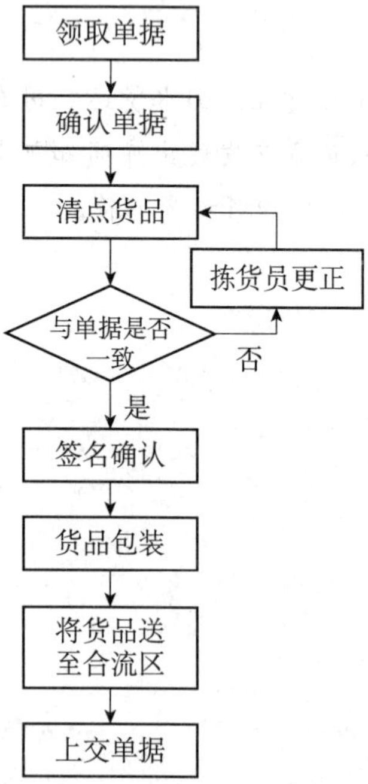	领取单据	到组长处领取已完成拣货的单据。
	确认拣货完毕	首先检查拣货表上是否有拣货人员签名，如有，则准备进行复核；若无，则汇报组长查找原因。
	清点货品	（1）依照拣货表检查拣出的货品是否正确。 （2）如品项和数量与实物一致，则在拣货单上做标记确认已复核，如不一致则告知相应拣货人员进行更正或重新拣取，同时对拣货失误进行记录以备考核。 （3）拣货人员重新拣取后，复核人员对该项货品重新复核。
	签名确认	当一张拣货表的复核任务完成并确认无误后，签名确认。
	货品包装	（1）复核完毕后将货品进行包装。 （2）装箱完毕，在拣货单上注明总件数，可能的话，也注明每箱的数量。
	上交单据	全部装箱完毕，组长检查拣货单各注明事项是否完整清晰，然后将拣货表送给信息员。

三 复核员工作管理技能

复核员工作管理技能如下：

（1）在标签上注明店名和数量，将标签贴在纸箱上，字迹要清晰工整。

（2）箱子不宜装得过满，应保证货品被完全封在箱内。

（3）物流箱封箱时一定要用封箱签。

（4）纸箱封箱时使用胶带进行“十”字或“井”字封法。

（5）封箱完毕后，再用打包机对每箱货品进行打包。

（6）扎捆时应松紧适宜。

（7）严禁用笔在内包装上写字和乱画。

四 复核员工作评价指标及所处品保位置

（一）工作评价指标

复核正确率＝正确复核货品的数量/复核货品总数量×100％

（二）所处品保位置

复核员的工作质量将由储运员或门店来监督，如果出现发错货被用户发现，复核员将承担大部分的责任。

实训任务单

实训名称	RF复核实训
实训任务	
对8个品项货品进行RF复核，核对拣货表上的数据与拣出的货品是否一致。	
实训要求	
（1）货品清点时要轻拿轻放，防止货品损坏。 （2）复核完毕后，整理货品时，须防止货品放错位置。 （3）扫描货品时，须听到“滴”声后再扫描下一件货品。 （4）须将客户所有货品依次扫描完毕后，再点击确认键。	
实训流程（步骤）	
（1）领取单据。领取拣货完毕的拣货单，检查单据是否齐全（拣货单常有多张）。 （2）检查单据。检查拣货单上是否有拣货人员签字以及画单记号。画单记号就是拣货员每拣完一个品项货品时在拣货单上相对应的记录上做的标记。 （3）清点货品。找到该客户的货品，用RF逐一对商品进行扫描。 （4）检查差异。客户货品扫描完毕后，查看RF上有无差异显示。 （5）签名确认。复核完成后，重新检查拣货单上所有货品是否都已经复核。复核人员确定拣货无误后，在拣货单相应位置签名，并将拣货单交给单据处理人员。	

实训评价

表 3-13　实训评价表

序号	检查项目及评价标准	分值	得分	备注
(1)	拣取货品和单据相一致。	60		
(2)	RF 操作正确。	40		

教师评语：

教师签字：
年　月　日

实训体会：

学生签字：
年　月　日

拓展任务

某物流中心规定各部门上午 8：00 统一上班，同时规定对货品每天进行两次装车配送，时间分别为上午 11：00—12：00；下午 16：00—17：00。但经常出现的问题是，由于 8：00—9：00 这段时间没有货品拣取出来，复核员无事可做，从而导致上午复核员无法完成工作，影响出车时间，下午也同样如此。

请据此列出影响复核作业效率的原因，对其分析并做出改善。

资料链接

观看复核作业和流通加工作业的视频，并进行小组讨论总结要点。

技能训练五　仓储主管岗位实训

教学准备

(1) 多媒体课件、视频、投影仪。
(2) 电脑、网络。
(3) 笔和纸。

任务驱动

观看“5S”细化管理视频，谈谈自己的想法。

问题与思考：

（1）“5S”管理有哪些内容？

（2）我们要怎么做好“5S”管理？

知识探究

一 仓储主管岗位概述及岗位职责

仓储主管是物流中心仓储部门的负责人，主要负责指挥完成仓库内入货、保管、出货、流通加工、仓库建设等工作，管理仓储作业人员及设备，以及部门间的沟通协调。仓储主管岗位职责如下：

（1）建立完善本部门各项管理制度。

（2）制订工作计划（周计划、月计划）。

（3）指挥完成公司仓储与配货任务，解决仓储及配货过程中出现的问题。

（4）人员管理、设备管理、费用管理。

（5）库存控制的最优化。

（6）努力降低管理成本，提高管理质量。

（7）组织召开工作例会。

二 ABC 分析法

（一）ABC 分类法的概念和原理

ABC 分类法是将库存商品按品种和占用资金的多少分为特别重要的库存（A 类）、一般重要库存（B 类）和不重要的库存（C 类）三个等级，然后针对不同等级进行管理和控制。

ABC 分类法的理论基础是：无论如何复杂的事物，都存在着“关键的少数和一般的多数”这样一种规律。事物越复杂，这一规律就越显著。例如，在市场销售活动中，少数销售人员的销售量占了绝大比重；在工厂中，少数产品占生产量的绝大部分；在库存商品中，少数几种商品的库存量及资金占了大部分等。由此可以得出这样的结论，在一个系统中，少数事物具有决定性的影响作用，而其余的绝大部分却影响不大。如果将有限的精力，主要集中用于解决那些具有决定性作用的少数事物，而不是将精力平摊到全部事物中去，库存管理的成效将会更大，并会取得事半功倍的效果。

（二）ABC 分类标准

ABC 分类法下的分类标准见表 3－14。

表 3－14 库存货品的 ABC 分类标准

类别	物资品种占全部物资品种的比重	资金占库存资金比重
A	5%～15%	60%～80%
B	20%～30%	20%～30%
C	60%～80%	5%～15%

（三）ABC 三类商品的库存管理方式

（1）A 类商品，实行重点管理。仓库应采取定期订货方式，进行严格的检查、盘点，减少不必要的库存；重点保管和养护 A 类在库商品，使其保持原有的品质；详细记录并经常检查分析商品的进库、出库情况，保证不拖延交货期；在保证供应的前提下，维持尽可能低的经常库存量和安全库存量，同时加强与供应链上下游企业的合作，降低库存，加快库存周转率。

（2）B 类商品，实行一般管理，采用比 A 类商品简单的管理方法。B 类商品中销售额较高的品种可采用定量订货方式和定期与定量混合订货方式。

（3）C 类商品，采用简便管理方式。这类商品品目数最大，但平均资金占用额小，因而被视为不重要的库存，一般采用简单管理方式。为了防止库存缺货，可大量采购，安全库存量可大些，或减少订货次数，以降低订货成本；减少这类商品的库存管理人员和设施；库存检查、盘点的时间间隔可长些；通过现代化工具很快能订到的商品，甚至可不设库存。

三 EIQ 分析法

（一）EIQ 分析法的定义

EIQ 的观念在于首先针对物流中心的目的，掌握物流特性，从物流特性所衍生出的物流状态，诸如从物流中心的设备至客户为止的流程等的流动特性，探讨清楚其运作方式，并规划出适合该物流系统的一套系统方法。E 代表订单或客户（Order Entry），I 代表商品的品项（Item），Q 代表客户的出货量或是商品的出货量（Quantity）。

（二）EIQ 分析法的作用

EIQ 分析法的作用见表 3－15。

表 3－15

EQ	客户—订货量分析	每个客户订了多少货品
IQ	品项—被订量分析	每个品项被订了多少量
IK	品项—被订次数分析	每个品项被订了多少次
EN	客户—订货品项数分析	每个客户订了多少个品项

（三）EIQ 图例

库存货品的配置，可根据 EIQ 曲线方便地进行规划（见图 3－18），横轴 A、B、C 三组分类，依次可定义为：

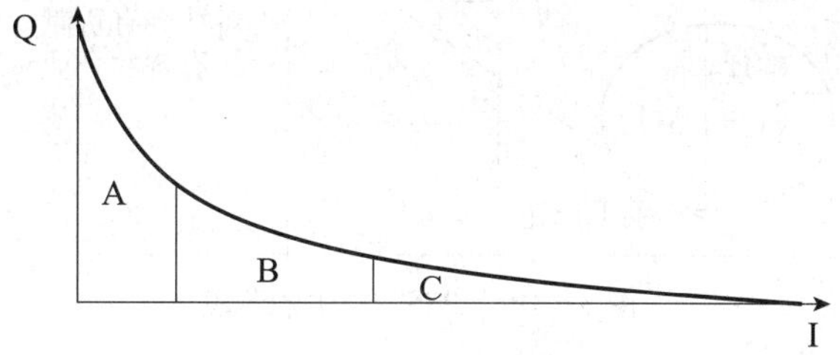

图 3－18 EIQ 曲线

A 组为品种最少、发货量最多的货品，装载在托盘上。

B 组为品种少、发货量多的货品，放入托盘式货架。

C 组为品种较多、发货量较少的货品，放入重力式货架。

四 "5S" 管理方法

（一）"5S" 的起源

1955 年，日本企业提出了整理、整顿 2 个 "S"，后来因管理的需求及水准的提升，才陆续增加了其余的 3 个 "S"，从而形成目前广泛推行的 "5S" 架构，也使其重点由环境品质扩展至人的行动品质，在安全、卫生、效率、品质及成本方面得到了较大的改善。现在不断有人提出 "6S" "7S" 甚至 "8S"，但其宗旨是一致的，只是不同的企业有不同的强调重点。

（二）"5S" 的含义

"5S" 的含义见表 3－16。

表 3－16

中文	日文	英文	典型例子
整理	SEIRI	Organization	倒掉垃圾、长期不用的东西放仓库
整顿	SEITON	Neatness	30 秒内就可找到要找的东西
清扫	SEISO	Cleaning	谁使用，谁负责清洁（管理）
清洁	SEIKETSU	Standardization	管理公开化、透明化
素养	SHITSUKE	Discipline and training	严守标准、团队精神

（三）"5S" 推进的阶段

"5S" 推进的阶段见图 3－19。

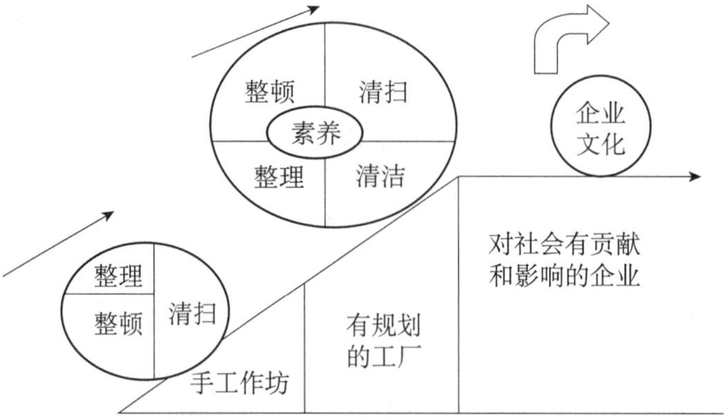

图 3-19 “5S”推进的阶段

（四）企业“5S”实拍

图 3-20 为企业“5S”现场管理展板实拍图。

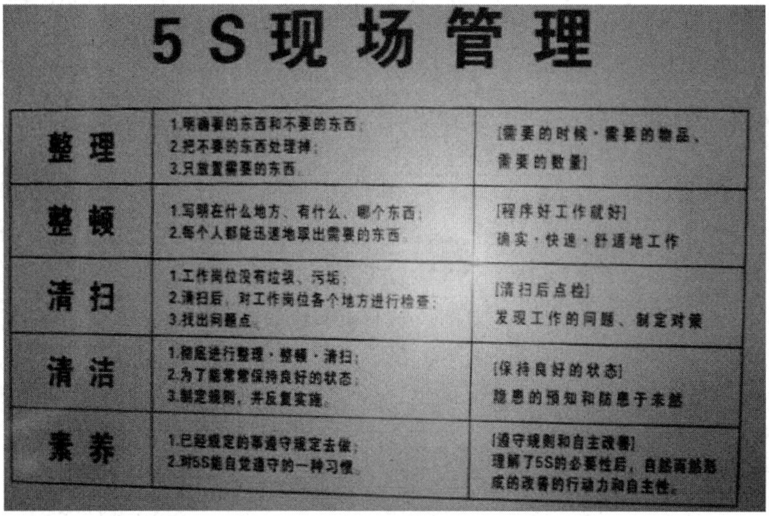

图 3-20 “5S”现场管理展板

实训任务单

实训名称	“5S”管理实训
实训任务	
我们都喜欢干净整洁的环境，请同学们分组讨论，并为教室设计一份“5S”整改细则。	
实训要求	
（1）在整个方案中，小组每个成员都要有负责的工作。 （2）做成 Word 或 PPT 上交。	

实训流程（步骤）

（1）详细了解“5S”管理方法及细部规划。
（2）小组分工，安排人员。
（3）现场勘察，根据教室的环境制定出“5S”整改方案。
（4）制作“5S”整改方案的 PPT。
（5）小组互评，教师打分。

实训评价

表 3-17　　实训评价表

序号	检查项目及评价标准	分值	得分	备注
（1）	小组分工合作到位。	25		
（2）	“5S”整改方案合理。	50		
（3）	制作的 PPT 美观。	25		

教师评语：

教师签字：
年　月　日

实训体会：

学生签字：
年　月　日

拓展任务

请同学们上网了解物流中心仓储部门各工作岗位的应聘条件，并以小组为单位，设计一个物流仓储部门各类员工的招聘方案并进行演示。

资料链接

上网查找物流中心仓储部门招聘条件。

项目四

配送岗位实训

职业要求

《物流员国家职业标准》指出，物流从业人员应具有从事配送作业组织和管理的基本职业能力，能够编制配送作业计划，熟悉配送作业基本程序，能够完成配送配载作业，设计配送路线。

任务导读

- 调度员岗位实训
  - 配送作业概述
  - 调度员岗位职责等
  - 里程节约法
- 储运员岗位实训
  - 储运员作业概述
  - 储运员岗位职责等
  - 储运员工作流程
- 收退员岗位实训
  - 收退员概述
  - 良品与不良品及处理等
  - 收退作业流程
- 司机与搬运工岗位实训
  - 司机与搬运工概述
  - 司机与搬运工岗位职责等
  - 评价指标
- 配送主管岗位实训
  - 配送主管概述及工作职责
  - 车辆管理
  - 费用管理
  - 质量指标

学习目标

知识目标： 了解调度员岗位工作职责和里程节约法；了解储运员的岗位职责和流程；了解收退员的岗位职责和流程；了解司机和搬运工的岗位职责；掌握配送主管的岗位职责。

能力目标： 作为配送工作人员，能够简单应用里程节约法和使用电子地图进行配送路线的设计；分析配送延迟的原因并进行鱼骨图的制作；区分良品与不良品；能够合理地进行搬运工的调配；能够完成运输单据的填写及设计满意度调查表。

技能训练一　调度员岗位实训

教学准备

（1）视频、多媒体课件、投影仪。
（2）电脑、网络。
（3）纸和笔。

任务驱动

观看调度员岗位工作视频，进行小组探讨。

问题与思考：

（1）调度员的工作内容有哪些？
（2）调度员需要掌握哪些技能？

知识探究

一　配送作业简介

（一）配送是“配”与“送”的有机结合

所谓“配”，是指在送货活动之前对顾客需求进行合理的组织与计划。只有“有组织有计划”地“配”才能实现现代物流管理中所谓的“低成本、快速度”地“送”，进而有效满足顾客的需求。

（二）配送是在经济合理区域范围内的送货

配送不宜在大范围内实施，通常仅局限在一个城市或地区范围内进行。

配送流程见图 4-1。

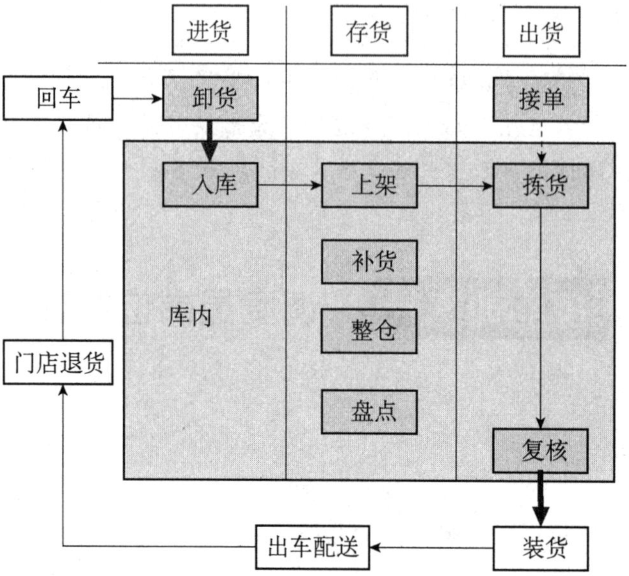

图 4-1　配送流程图

二　调度员概述

调度员是物流中心储运部门作业人员，主要负责合理安排配送线路和配送车辆，以达到运力最优化。

调度员的岗位职责如下：

（1）优化配送线路，保证配送任务在按期完成的前提下实现最小的运力投入。

（2）合理安排配送车辆，保证配送工作的有序进行。

（3）及时了解配送任务的执行情况。

三　配送线路的规划

（一）配送线路规划目标

配送线路规划有以下目标：

（1）以路程最短为目标。

（2）以准确性最高为目标。

（3）以成本最低为目标。

(4) 以效益最高为目标。

(5) 以劳动消耗最低为目标。

(二) 车辆调度的特点

配送车辆调度有以下特点:

(1) 计划性:划分配送区域。

(2) 机动性:相邻区域微调。

(3) 预防性:要留有备用车辆。

(4) 权威性:车辆调度工作要高度集中统一。

(三) 车辆调度的原则

车辆调度遵循以下原则:

(1) 宁打乱少数计划,不打乱多数计划。

(2) 宁打乱局部计划,不打乱整体计划。

(3) 宁打乱次要环节,不打乱主要环节。

(4) 宁打乱短时计划,不打乱长时计划。

(5) 宁打乱可缓配计划,不打乱急配计划。

(6) 宁打乱整批配送计划,不打乱配装计划。

(7) 宁使内部工作受影响,不使客户受影响。

(四) 车辆调度方法

车辆调度一般采用"电脑辅助调度+人工微调"的方式。

(1) 自营连锁企业物流。门店固定→固定线路→按线路排车→线路微调。

(2) 第三方物流。客户不固定→根据历史数据划分区域→按区域排车→区域微调。

(五) 调度员安排线路时考虑的因素

调度员在安排线路时一般要考虑以下因素:

(1) 收货方要求(时间、空间等)。

(2) 路线允许通行的时间限制。

(3) 运输工具载重的限制。

(4) 配送中心的能力(运输和服务等)。

(5) 自然因素的限制。

(6) 其他不可抗力因素的限制。

四 调度员工作评价指标

验收员工作评价指标如下：

平均每车次配送吨千米数＝配送总距离×配送总量÷配送总车次

空车率＝空车行驶距离÷配送总距离×100%

每吨千米配送成本＝配送总成本÷配送总重量

每车次配送成本＝配送总成本÷配送总车次

每千米配送成本＝配送总成本÷配送总距离

实训任务单

实训名称	配送线路规划实训
实训任务	
假定以学校为配送中心“0”点，选择一家连锁超市的 10 家门店为配送目标，设计合理的配送路线，在覆盖所有门店的前提下，保证配送路线最短，配送时效最优。	
实训要求	
（1）请在网上拷贝地图，并标出配送路线。 （2）简单说明选择该条路线的理由。 （3）作业以 PPT 形式上交。	
实训流程（步骤）	
（1）打开百度地图。 （2）选中需要的点并标记。 （3）修改标记点的名称并可更换标识。 （4）依此类推，直到标记全部完成，按下“返回”。 （5）选择起点和终点得到 AB 两点的距离。 （6）使用里程节约法计算出最佳配送路线。	
实训评价	

表 4-1 实训评价表

序号	检查项目及评价标准	分值	得分	备注
(1)	小组分工合作到位。	25		
(2)	规划的线路合理可行。	50		
(3)	制作的 PPT 美观。	25		

教师评语： 教师签字： 年　　月　　日
实训体会： 学生签字： 年　　月　　日

拓展任务

使用百度地图搜索本地麦当劳地址，选其中5家门店，以你所在学校为“0”点，规划配送路线。

资料链接

登录http：//image.baidu.com/查询地图。

技能训练二　储运员岗位实训

教学准备

(1) 多媒体教学系统、视频。

(2) 电脑、网络、笔和纸。

任务驱动

观看出车配送和点货上车的视频，小组进行讨论分析。

问题与思考：

（1）出车配送和点货上车的流程有哪些？

（2）储运员的岗位职责是什么？

知识探究

一 储运员概述

储运员是物流中心储运部门作业人员，主要负责将库内发出的货品准确安全地送达客户，并负责相关单据的交接。另外，还负责接收客户的返品，并将返品及相关单据正确地交回物流中心。

储运员的岗位职责包括以下内容：

（1）领取送货单据（送货单、送货验收差异单、退货单）。

（2）与复核员交接出库货品。

（3）指导搬运工按顺序装卸货品。

（4）与门店交接货品及单据。

（5）接收门店返品。

（6）回库交接返品。

（7）回单交接。

（8）热情解答门店的提问。

（9）协调解决其他配送过程中的突发问题（送错货品、客户拒收等）。

二 车辆积载

车辆积载是指为了有效地利用车辆空间，在考虑货物的性质（怕震、怕压、怕撞、怕湿）、形状、体积及质量等情况下对货品进行合理的装车。

车辆积载应遵循以下原则：

（1）轻重搭配的原则。

（2）软硬搭配的原则。

（3）大小搭配的原则。

（4）重量均匀分布的原则。

（5）货物性质搭配的原则。拼装在一个车厢内的货物，其化学属性、物理属性不能互相抵触。

三 储运员的工作流程

（一） 点货上车

点货上车的工作流程图、工作步骤和工作说明见表 4－2。

表 4－2

流程图	工作步骤	工作说明
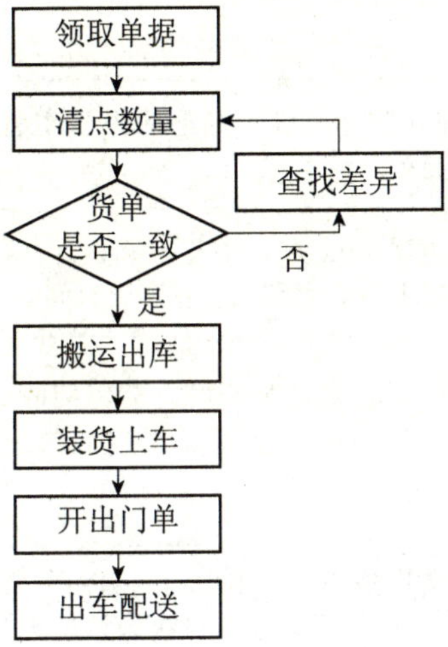	领取单据	储运员到储运主管处领取出库单据
	清点数量	储运员和复核员根据出库单据清点货品数量
	签名确认	数量无误后储运员和复核员都在出库单上签名
	搬运出库	搬运工将货品搬运到对应车辆的月台
	装货上车	储运人员指导搬运工逆序装货上车，先送的后装
	开出门单	储运主管开具出车单
	出车配送	领到出车单后出车配送

（二） 出车配送

出车配送的工作流程图、工作步骤和工作说明见表 4－3。

表 4－3

流程图	工作步骤	工作说明
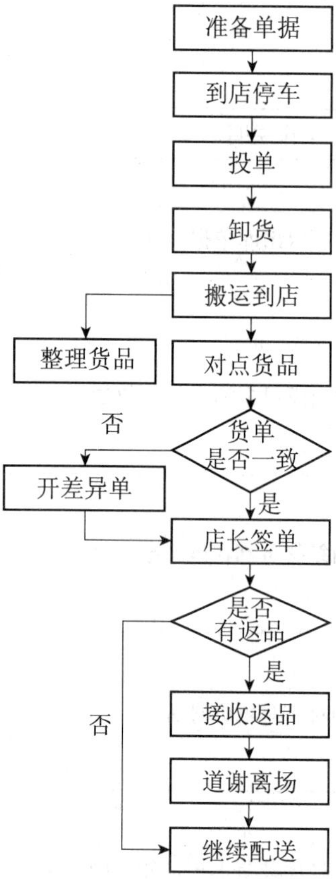	准备单据	车辆到门店前储运人员准备好该门店的送货单据。
	到店停车	（1）储运员协助车辆安全倒车，避免人员靠近； （2）车辆应停在方便卸货的适当位置。
	投单	储运员将单据交给门店店长，准备卸货。
	卸货	储运员及搬运工负责将商品从车上卸货，整件、散件分开堆放。
	整理货品	储运员交接货品时，搬运工留守车内，保证货品安全，同时整理好下一家门店的货品。
	对点货品	（1）储运员先与门店确认整箱数是否正确；（2）储运员与门店细点商品明细；（3）储运员负责报货品品项、数量，门店收货员负责单据数量确认（打“√”确认）。
	差异处理	（1）发现无法解决的异常，司机当场电话报告主管； （2）开列收货验收差异单。
	店长签单	清点无误后店长在出库单（三联）上签字确认，并留下其中一联，在出车单上签名字和到店及离店时间。
	接收返品	（1）如有返品，储运员须先确认是否符合公司回收规定（有退货计划），再与门店人员对点无误后签字；（2）储运员将返品及物流工具收回。
	道谢离场	（1）储运员完成全部交货手续后，须向门店道谢致敬：“谢谢你们的协助”；（2）开车离场前再次确认单据是否签收并带全。

（三）返品收退原则

返品收退遵循以下原则：

（1）遵照供应商退仓要求（如要求退货商品包装完好，要求保质期 60％以上，要求整件退等）。

（2）保质期：按退货单注明标准执行，没有标准则按照包装上的日期来算。

（3）包装破损不可退。包装破损是指包装开裂、破损或破碎。

（四）派车单图例

派车单如表 4－4 所示。

表 4-4　　永恩物流出车单

出车时间：________月________日________点________分　车号：________　出车单号：________

警卫（出库）：________　储运主管：________

物流填写						门店填写					
配送门店	单据页数	物品数量				退（调）货数	到店时间	离店时间	误差单号	物流服务	签名
		整件	零码	调货	总物品						
										□满意 □不满意	
										□满意 □不满意	
										□满意 □不满意	
										□满意 □不满意	
										□满意 □不满意	
										□满意 □不满意	
										□满意 □不满意	
										□满意 □不满意	

四　鱼骨图分析法

（一）鱼骨图分析法的定义

1953 年，日本管理大师石川馨提出了一种把握结果（特性）与原因（影响特性的要因）的方便而有效的方法，故名“石川图”。它是一种发现问题“根本原因”的方法，是一种透过现象本质的分析方法。因为“石川图”的形状很像鱼骨，所以也称为“鱼骨图”或者“鱼刺图”。

问题的特性总是受到一些因素的影响，我们通过头脑风暴法找出这些因素，并将它们与特性值一起，按相互关联性整理而成的层次分明、条理清楚，并标出重要因素的图形，这些图形就叫“特性要因图”“因果图”。

（二）鱼骨图的用法

（1）鱼骨图是一个非定量的工具，可以帮助我们找出引起问题潜在的根本原因。

（2）它使我们问自己：问题为什么会发生？使项目小组聚焦于问题的原因，而不是问题的症状。

（3）能够集中于问题的实质内容，而不是问题的历史或不同的个人观点。

（4）以团队努力，聚集并攻克复杂难题。

（5）辨识导致问题或情况的所有原因，并从中找到根本原因。

（6）分析导致问题的各原因之间相互的关系。

（7）采取补救措施，正确行动。

（三）配送延迟原因鱼骨图

图 4－2 为配送延迟原因鱼骨图。

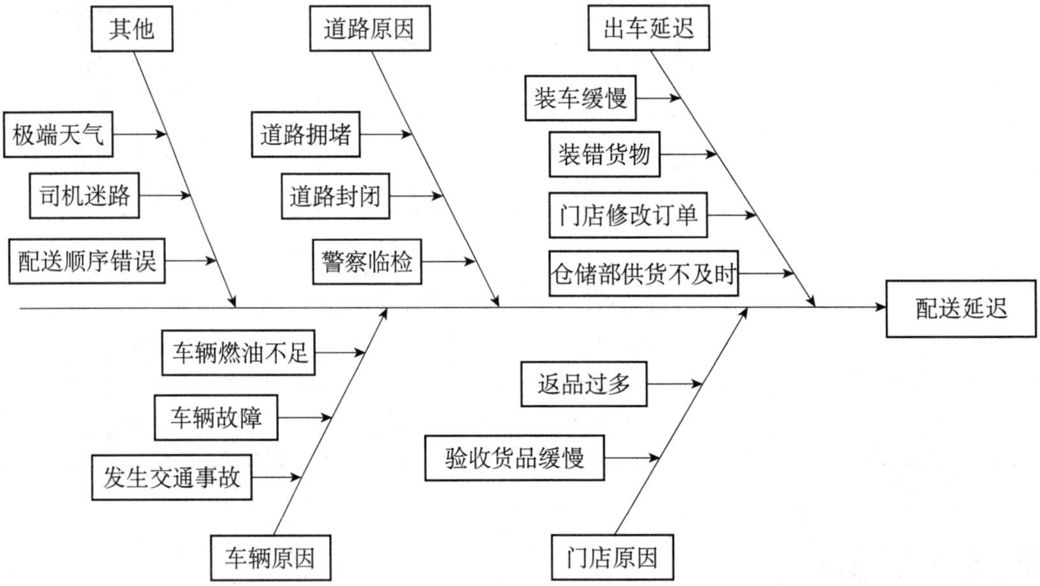

图 4－2　配送延迟原因鱼骨图

五　储运员关键作业指标

（一）关键作业指标

配送准时率＝准时配送的店次数÷配送的总店次数×100％

（二）所处品保位置

储运员的工作质量由门店来监督。

实训任务单

实训名称	出车配送延迟实训

实训任务

小王是某物流中心的配送主管，今日，他总是接到客户的投诉电话，门店纷纷抱怨到货时间总是偏差很多。如果你是小王，试分析造成出车配送延迟的原因。

实训要求

（1）小组分工合作。
（2）绘出配送延迟原因鱼骨图，做成 PPT、Word 或 Visio 上交。

实训流程（步骤）

（1）小组分工，安排好每位成员的任务。
（2）分析出车配送延迟的原因。
（3）绘出鱼骨图，做成 PPT、Word 或 Visio。

实训评价

表 4-5　　实训评价表

序号	检查项目及评价标准	分值	得分	备注
（1）	小组分工合作到位。	25		
（2）	出车配送延迟原因准确。	50		
（3）	制作的 PPT 美观。	25		

教师评语：

教师签字：
年　　月　　日

实训体会：

学生签字：
年　　月　　日

拓展任务

小李是某第三方物流中心的储运员，此次出车他将负责配送 5 家超市，每家门店配送的货品均包括奶粉、麦片、饮用水等食品、日化用品。但这次他遇到了不少问题：

（1）点货交接时发现缺了一箱纯净水。

（2）在配送第三家门店路上遇到塞车，有误点的可能性。

(3) 交接返品时，门店临时要求小李收退一件返品，但这不符合物流中心按单收退的原则。

(4) 在配送第五家门店时，发现少了一箱雀巢奶粉，但是多了一箱雀巢麦片。

请问，如果你是小李，你怎样才能顺利完成配送，获得良好的客户满意度？请详细陈述你们小组的对策（须点明所涉及的单据、人员、流程等）。

资料链接

使用 Visio 绘制配送延迟原因鱼骨图。

技能训练三 收退员岗位实训

教学准备

(1) 多媒体课件、视频。

(2) 物流实训室。

(3) 电脑、笔和纸。

任务驱动

认真观看企业的回车视频，小组进行讨论。

问题与思考：

(1) 收退员的工作流程是什么？

(2) 良品和不良品的区别有哪些？

知识探究

一 收退员概述

（一）收退员的定义

收退员是物流中心储运部门作业人员，主要负责回单交接，系统录入，返品的收退、分类和整理。

（二）物流中心返品工作区域

物流中心返品工作区域平面图见图 4－3。

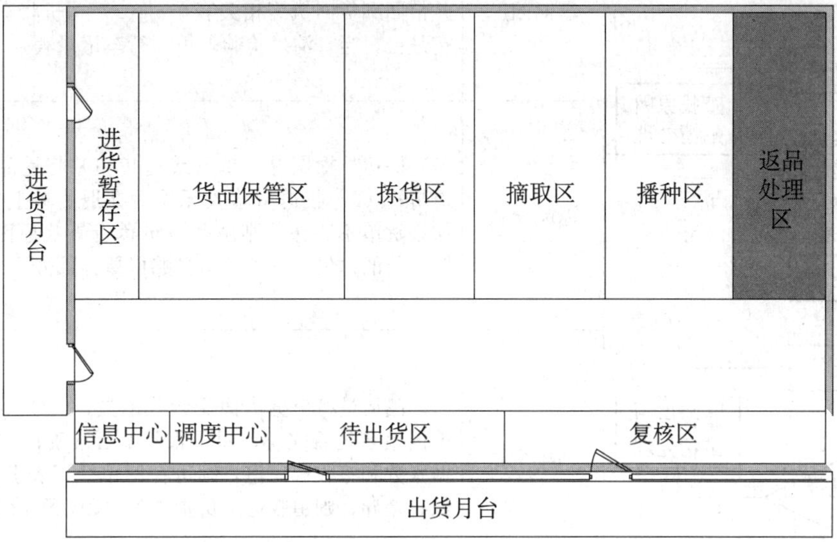

图 4－3　物流中心返品工作区域

（三）收退员的岗位职责

收退员的岗位职责如下：

（1）与储运员交接返品。

（2）整理回单。

（3）返品分类处理。

（4）良品交保管员入库。

（5）不良品处理。

（6）与供应商和门店联系。

二　收退员的工作内容

（一）返品回库

收退员工作流程图、工作步骤和工作说明见表 4－6。

表 4-6

流程图	工作步骤	工作说明
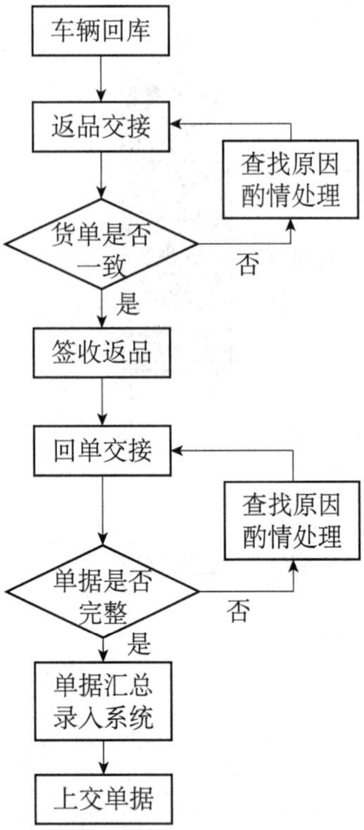	车辆回库	（1）送货完毕，车辆回到物流中心，储运员随车返回，并带回到货回执等相关表单；（2）司机将车停靠在指定月台，当日清理检验，填写行车记录表。
	返品交接	（1）储运员根据退货单（或送货单）将返品交接给收退员；（2）收退员验收无误后在退货单上签字确认，如果货单不一致，则由收退员负责查找原因，如果是储运员的过失，则由储运员赔偿差异部分。
	回单交接	（1）储运员将单据当面交给收退员；（2）收退员检查单据签名是否完整、回单张数是否准确；（3）如果单据张数和签收都完整，则可在回单登记表上登记确认，如有差异，则由收退员负责查找原因，酌情处理。
	系统录入	收退员整理单据，并在当日将单据信息录入信息系统。
	上交单据	收退员次日早晨将所有单据交给信息部留存。

（二）返品分类整理

收退员收到返品后，要区分退货的良品与不良品（见图 4-4）。

图 4-4　返品分类整理

（三）良品入库

返品处理人员将良品整理好，准备入正常品库。具体的工作流程图、工作步骤和工作说明见表 4-7。

表 4-7

流程图	工作步骤	工作说明
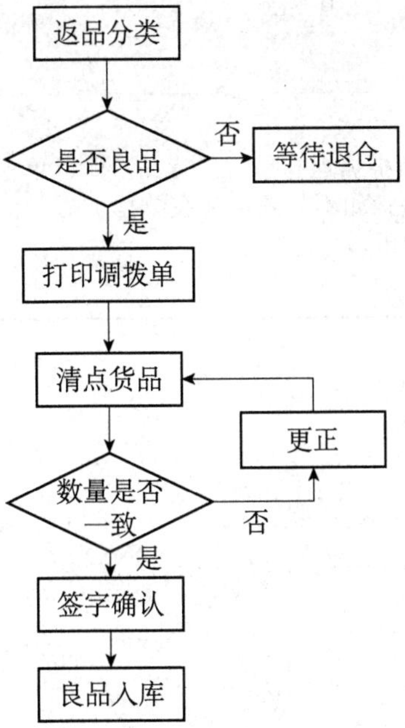	返品分类	收退员对返品进行分类，如是良品，则可进行良品入库准备
	打印调拨单	收退员请信息员打印良品调拨单
	清点货品	收退员和保管员对点调拨良品，如果发现不一致或不可退商品，则在调拨单对应商品后注明调回，双方签字确认，一联交给保管员，一联交由信息员做系统确认及单据存档
	签名确认	双方在调拨单上签名确认
	良品入库	保管员将良品入正常仓相应储位

（四）不良品处理

不良品入返品库储位，并按照供应商分类整理好等待退货。具体工作流程图、工作步骤和工作说明见表 4-8。

表 4-8

流程图	工作步骤	工作说明
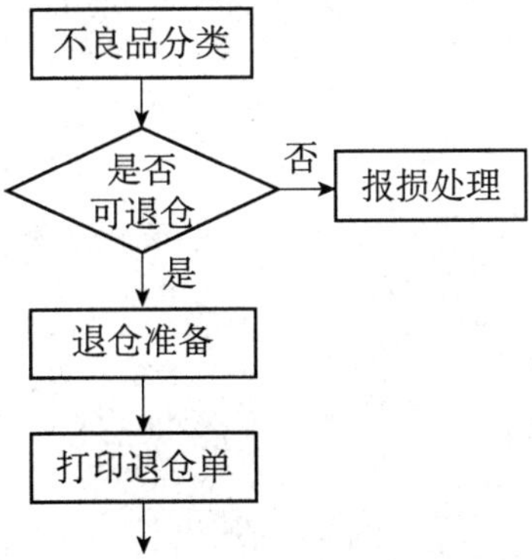	不良品分类	收退员对不良品进行分类，如可退仓，则进行退仓准备；如不可退仓，则填写损耗单，进行报损处理
	退仓准备	收退员告知供应商退仓需求，并在退仓日期前将应退返品整理完毕

续前表

流程图	工作步骤	工作说明
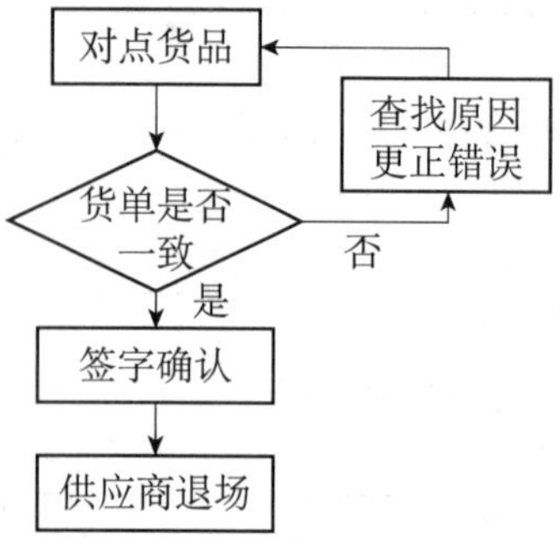	打印退仓单	收退员请信息员打印退仓单
	对点货品	收退员与供应商根据退仓单对点货品，如货单一致，则签字确认；如不一致，则在单据上做相应确认，并查找原因，另行处理。

实训任务单

实训名称	物流中心流程图制作实训

实训任务

制作物流中心的流程图。

实训要求

（1）从供应商送货直到配送车辆返品回库为止。
（2）使用 Word、PPT 或 Visio 软件制作流程图。

实训流程（步骤）

（1）小组分工，安排好每位成员的任务。
（2）在电脑上利用 Visio 等软件将我们所学的物流中心流程画出来。
（3）分小组展示流程图。

实训评价

表 4-9　实训评价表

序号	检查项目及评价标准	分值	得分	备注
(1)	小组分工合作到位。	25		
(2)	物流中心流程图正确。	50		
(3)	制作的 Visio 图美观。	25		

教师评语：

教师签字：
年　　月　　日

实训体会：

学生签字：
年　　月　　日

拓展任务

批发型物流中心的返品库常遇到这类问题：为了促销，常常将一些商品捆绑销售，比如一罐雀巢咖啡，捆绑销售一小罐咖啡伴侣，后者是免费赠送的，顾客只要购买了一罐雀巢咖啡，即可获得咖啡伴侣。然而，一旦这些商品因滞销等原因，客户将其作为返品退回物流中心时，在利益的驱动下，客户往往会拆开捆绑包装，将正品和赠品作为两件商品退回来，这常常会给物流中心带来一定的损失。

小组讨论：针对上述情况有什么好的解决方案？

知识链接

学习使用Visio软件画流程图。

技能训练四　司机与搬运工岗位实训

教学准备

（1）多媒体课件、视频、投影仪。

（2）电脑、网络。

（3）笔和纸。

任务驱动

认真观看企业司机送货的视频，并进行小组讨论。

问题与思考：

（1）公路货物运单怎么填写？

（2）司机的岗位职责有哪些？

知识探究

一　司机概述

司机是物流中心储运部门作业人员，主要负责安全驾驶配送车辆，以及车辆的日常维护，同时，协助储运员的配送工作。司机的岗位职责如下：

（1）按调度员规划的路线、顺序进行配送。

（2）爱惜车辆，定期对车辆进行清洗，车辆随时保持清洁、干净，车窗、玻璃、反光镜等保证不影响驾驶员视线。

（3）出车前对车辆进行例行性检查，如果车辆有问题，及时报告调度室。

（4）安全驾驶，遵守交通规则，行驶途中要集中精神驾驶，加强安全意识。

（5）妥善保管好加油卡、车钥匙等物品。

（6）定期做好车辆检查、保养等工作（如车辆每周自查表见表 4－10），车辆维修遵守车辆维修流程。

（7）回仓库后，要把车辆准确整齐地停靠在标有自己车号的位置。

（8）归还车钥匙时要向调度室汇报车辆使用情况。

表 4－10　　车辆每周自查表

车号：________　司机：________　日期：________年________月________日一________月________日

检查项目	检查内容	周一		周二		周三		周四		周五		周六		周日	
		良	否	良	否	良	否	良	否	良	否	良	否	良	否
方向盘	不能太松，紧度要适当，不能有太重等														
刹车	刹车板踏度适当，刹车无失灵；手刹车杆拉长要适当，刹车要灵														
轮胎	气压要适当，没有特别的耗损及损伤														
底盘、弹簧	无损伤														

司机的工作表现评价表见表 4－11。

表 4－11　　司机工作表现评价表

司机：________　考核月份：________　主管：________

考核项目	满分	实际评分	评分人
服从性、考勤	10		
出车准时	10		
配送及时	10		
配送差异处理	10		
门店（客户）服务	10		
单据签收、回单齐全	10		
交通安全及事故处理	10		
车辆检查、保养、维修	10		
车辆整洁	10		
相关制度执行	10		
合计	100		

二 司机相关评价指标

（一）关键作业指标

配送准时率＝准时配送的店次数÷配送的总店次数×100％

（二）所处品保位置

司机的工作自由度很高，司机的工作质量由调度员来监督。

三 搬运工概述

搬运工是物流中心储运部门作业人员，主要负责配送货品的装卸搬运，以及协助储运员的配送工作。搬运工的岗位职责如下：

（1）合理正确地使用搬运工具，避免设备损坏。

（2）装卸货时要轻拿轻放，爱惜货品，禁止乱扔乱放。

（3）装车时货品摆放要整齐紧凑，重的货品放下面，轻的放上面，对易碎、价值昂贵的货品要采取保护措施。

（4）不同客户的货品须进行有效隔离，以防止串货。

（5）装卸完货后在规定的活动范围内休息，未经允许不得进入仓库。

（6）装车完毕须将月台上的托盘堆叠整齐，搬运工具停放指定地点。

（7）卸完货后，须及时整理好车内剩余的货品，摆放平整，避免途中损坏。

搬运工搬运技巧如图 4－5 所示。

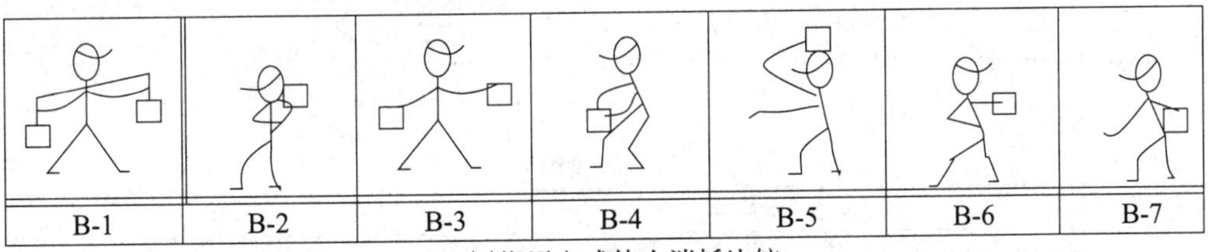

(1)搬运方式体力消耗比较

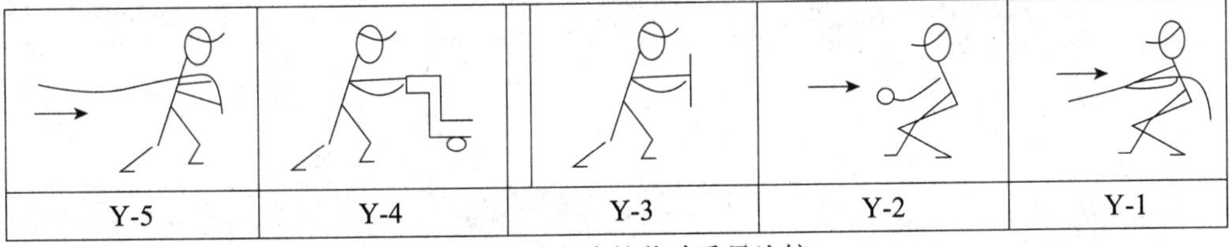

(2)移动方式的移动重量比较

图 4－5　搬运技巧

注：以 B-1 方式即肩挑方式最省力，而以 B-7 方式最为费力；在移动重物时，以 Y-1 方式可能移动的质量最大，而以 Y-5 方式可能移动的质量最小。

四 搬运工的调配

在汽车运输中，为减少空驶里程，往往组织巡回运输。汽车开出后，中途会经过若干个装卸点，每个装卸点的货量不同，需要的搬运工人人数也不相同。于是产生如何调配装卸工人的问题。

车辆比装卸点少时可采用编号法。

编号计算法的具体操作如下：

(1) 按装卸点所需要的搬运工人数目，由多到少把相应的装卸点编上号码，按次序排列起来。

(2) 若有 N 辆车，就从排列好的需要搬运工人最多的装卸点开始数，看数到的第 N 个装卸点需要多少工人，于是就派多少工人跟车。在需要更多搬运工人的其他点，则派出扣减后的工人固定到装卸点上。

实训任务单

实训名称	司机计薪制度设计实训

实训任务

某家知名连锁超市配送中心的司机薪资采用标准固定月薪制，结果导致司机的工作积极性不高，服务质量不佳。请你重新为该公司提出一套良好的司机计薪制度，以调动司机的工作积极性。

实训要求

(1) 各小组安排实训分工。
(2) 结果要以 PPT 的方式呈现。

实训流程（步骤）

(1) 小组分工，安排好每位成员的任务。
(2) 上网查询相关企业激励制度的资料。
(3) 各小组制定好司机计薪制度，并以 PPT 形式呈现。
(4) 每组派一名成员上台讲解 PPT，教师点评。

实训评价

表 4-12 实训评价表

序号	检查项目及评价标准	分值	得分	备注
(1)	小组分工合作到位。	25		
(2)	司机计薪制度合理可行。	50		
(3)	制作的 PPT 美观。	25		

教师评语：

教师签字：
年 月 日

实训体会：

学生签字：
年 月 日

拓展任务

近几年来，行业内有一些司机用假证件混进公司，借工作之便从事偷货、偷油、偷轮胎等违法活动，给公司带来巨大的经济损失，造成了不可挽回的信誉影响。

请同学们上网了解一下物流公司司机招聘的要求，然后分小组讨论如何才能招到好司机，怎样才能留住好司机。

资料链接

上网查询激励制度，完成实训任务。

技能训练五　配送主管岗位实训

教学准备

（1）多媒体课件、视频、投影仪。
（2）电脑、网络。
（3）笔和纸。

任务驱动

“我们公司是做笔记本分销的企业，前年有一批从上海库调拨到深圳库的 50 台 IBM 笔记本（货值 50 万元），我们用的 3PL 找的货代将货物先发至广州，然后通过一家叫‘现之代传递’的公司转到深圳。随后货物到深圳罗湖现之代传递的货站，次日货物和这个货站一起消失了。无奈之下，3PL 只能自己掏钱赔给我们。”

问题与思考：

（1）这种情况是怎么出现的？
（2）你会如何处理这件事情？

知识探究

一 配送主管概述

配送主管是物流中心储运部门的负责人，主要负责指挥、统筹企业的配送任务，管理配送人员和配送车辆，以及部门间的沟通协调。

配送主管的岗位职责如下：

（1）建立和完善本部门各项管理制度。

（2）制订工作计划（周计划、月计划）。

（3）指挥完成公司配送任务，处置配送过程中的突发状况。

（4）人员管理（调动积极性、绩效考核、培训等）。

（5）车辆管理（签订维修合同及确保合同的正常履行等）。

（6）费用管理（核算车辆公里数、耗油金额、单辆耗油率、维护费用等，监督和控制车辆燃油消耗的合理性）。

（7）供应商（委外车辆）的选择。

（8）组织召开工作例会（晨会、夕会）。

（9）受理顾客投诉。

二 车辆管理

（一）车辆的管理

车辆管理的内容包括：

（1）车辆选订与采购。

（2）车辆保养与维修。

（3）车辆保险行驶证管理。

（4）罚单与税务管理。

（5）司机驾驶证管理。

（6）车辆审验管理。

（二）修理厂的评选

修理厂的评选内容包括：

（1）距离。

（2）救援能力。

（3）零件质量。

（4）技术水准。

(5) 成本费用。

(6) 信用程度。

三 费用管理

(一) 配送费用种类

配送费用主要包括人事费、工资、奖金福利和车辆费用。车辆费用包括燃料费、修理费、轮胎费、过路过桥费、保险费、车检费和车辆税。一部7万元的货车运营成本举例见表4-13。

表4-13　货车运营成本

成本构成	金额
燃料费	3 200元/月
司机工资	1 500元/月
车辆折旧	1 200元/月
保险费	800元/月（平均），全年9 600元
过路过桥费	800元/月
养路费	400元/月
停车费	400元/月
维修保养费	200元/月（平均）
车辆安全检测费	57元/月（平均），全年680元
合计	8 087元/月

(二) 配送作业的目标

配送作业的目标有以下几个：

(1) 准时性：准时地配送。

(2) 安全性：保证货物的完好。

(3) 顾客满意度：客户对服务的满意程度。

(4) 经济性：在满足客户要求的前提下降低成本。

(5) 服务态度：送货人员代表公司形象。

(三) 配送作业管理质量考核指标

考核配送管理质量的指标有：

配送准时率＝配送准时的次数÷配送总次数×100%

配送准确率＝配送准确的次数÷配送总次数×100%

货品安全率＝完好货品总数÷配送货品总数×100%

运力利用率＝车辆运作天数÷车辆天数×100%

实训任务单

实训名称	制作配送满意度调查表

实训任务

客户满意度管理是配送主管日常工作的重点之一。假如你是第三方物流公司的配送主管，负责统筹本市多家超市的配送作业，请你设计一份配送满意度调查表，以鼓励员工团结努力，提升门店配送的效率。

实训要求

（1）在整个方案中，小组每个成员都要有负责的工作。

（2）做成 Word 或 PPT 上交。

实训流程（步骤）

（1）详细了解配送主管日常工作的重点。

（2）小组分工，安排人员。

（3）上网查询关于配送满意度调查表的相关知识。

（4）制作该公司的配送满意度调查表以 PPT 的形式呈现。

（5）小组互评，教师打分。

实训评价

表 4-14 实训评价表

序号	检查项目及评价标准	分值	得分	备注
(1)	小组分工合作到位。	25		
(2)	配送满意度调查表合理。	50		
(3)	制作的 PPT 美观。	25		

教师评语：

教师签字：

年　　月　　日

实训体会：

学生签字：

年　　月　　日

拓展任务

请同学们上网了解物流中心配送部门各工作岗位的应聘条件，以小组为单位，设计一个物流配送部门各类员工的招聘方案并进行演示。

资料链接

上网查找物流中心配送部门招聘条件。

项目五

运输管理岗位实训

职业要求

《物流员国家职业标准》指出，物流从业人员应能够执行货物运输作业，能够安排和监管现场货物装卸搬运，能够录入物品运输信息，能够识读、制作和修改运输单证。

任务导读

- 公路货物运输基础知识
  - 公路整车运输
  - 公路零担运输
  - 货物验收入库
  - 货物配载、装运、调度
- 运输岗位工作流程
  - 业务受理工作流程
  - 验收入库工作流程
  - 装运配载工作流程
  - 运输调度工作流程
- 运输岗位主要单证
  - 公路货物运输合同
  - 公路货物运输托运单
  - 运输调度单

学习目标

知识目标：熟悉公路货物运输流程，掌握公路运输业务受理、货物验收、运输配载等作业；了解运输合同的填写方法，掌握货物托运单的填写；掌握货物配载发运的作业要求与流程；掌握公路货运调度单的填写。

能力目标：能够根据工作任务要求，执行公路货物运输作业；能够安排和监管现场货物装卸搬运；能够根据货物信息缮制各种运输单证。

本项目主要以一笔典型的公路零担货物运输为业务背景，分不同岗位角色（业务受理员、货物验收员、运输配载员等），根据工作任务要求，进行货物的揽货、验收入库、配载、运输、调度等工作任务。

技能训练一　业务受理员岗位实训

教学准备

(1) 分组教学的实训室、多媒体教学系统。

(2) 业务受理相关单据。

任务驱动

武汉飞达电器公司向深圳精鑫电气贸易公司订购了50台空调、30台洗衣机、100台风扇。该公司的三单货物都由深圳宏宝物流有限公司采用公路运输方式进行承运，假如你主管宏宝物流公司的托运业务，请你思考将如何受理这笔业务。

问题与思考：

(1) 如何为货物选择合适的运输方式？

(2) 如何审核运单？

(3) 怎么计算相关费用？

(4) 如何办理承运业务？

知识探究

一　公路货物运输相关知识

以广义上来说，公路货物运输是指利用一定的载运工具（汽车、拖拉机、畜力车、人力车等）沿公路实现货物空间位移的过程。从狭义上来说，公路运输即汽车运输。物流运输中的公路运输专指汽车货物运输。

公路货物运输作业流程图如图5-1所示。

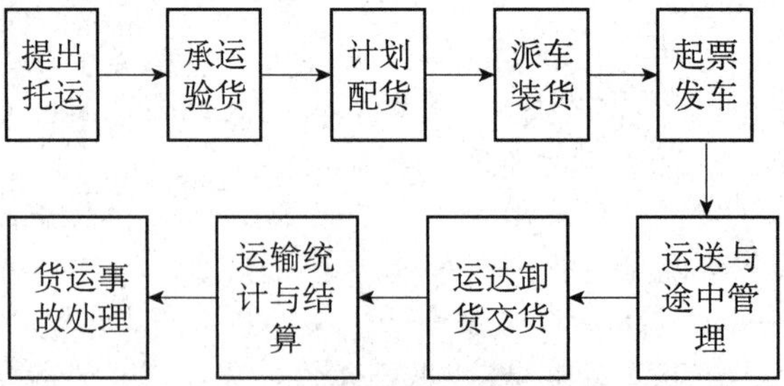

图5-1　公路货物运输作业流程

（一）整车运输

整车运输指凡托运方一次托运货物在 3 吨及 3 吨以上的，或虽不足 3 吨但其性质、体积、形状需要一辆 3 吨以上的汽车运输的业务。为明确运输责任，整车货物运输通常是一车一张货票、一个发货人。为此，汽车运输企业应选派额定载重量与托运量相适应的车辆装运整车货物。

1. 整车货物运输的特点

整车货物运输具有货源相对单一、适合大宗货物、运输差错小、运输组织工作较简单和运费相对零担运输较低等特点。

2. 整车运输适用的货物

以下货物必须按整车运输：

（1）鲜活货物，如冻肉，冻鱼，鲜鱼，活的牛、羊、猪、兔、蜜蜂等。

（2）需用专车运输的货物，如石油、烧碱等危险货物，粮食、粉剂等散装货物。

（3）不能与其他货物拼装运输的危险品。

（4）易于污染其他货物的不洁货物，如炭黑、皮毛、垃圾等。

（5）不易于计数的散装货物，如煤、焦炭、矿石、矿砂等。

3. 整车货物运输作业流程

整车货物运输作业流程如图 5－2 所示。

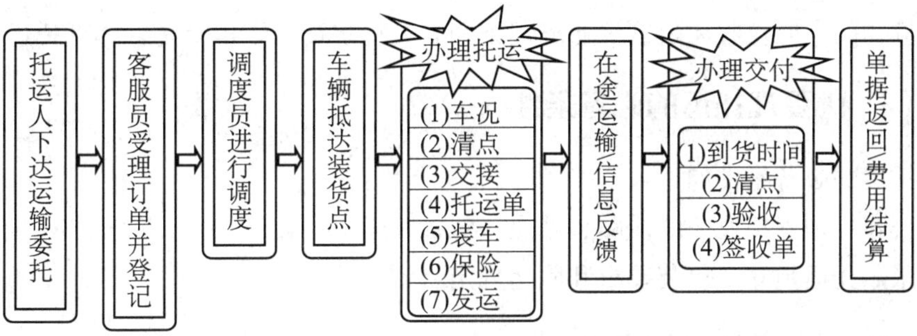

图 5－2 整车货物运输作业流程

（二）零担运输

公路零担货物运输是指托运人一次托运货物的计费重量不足 3 吨，以汽车为运载工具的货物运输。按件托运的零担货物，单件体积一般不得小于 $0.01m^3$（单件重量超过 10kg 的除外），不得大于 $1.5m^3$；单件重量不得超过 200kg；货物长度、宽度、高度分别不得超过 3.5m、1.5m 和 1.3m。不符合这些要求的，不能按零担货物托运、承运。

各类危险货物，易破损、易污染和鲜活等货物，一般不能作为零担货物办理托运。

1. 零担货物运输的特点

（1）货源的不确定性和广泛性。

（2）单位运输成本较高。

（3）站务工作量大、组织工作复杂。

（4）运送方法多样，适应千家万户的需要。

（5）零担货物运输机动灵活，经济效益较高。

2. 零担货物运输作业流程

零担货物运输业务是根据零担货运工作的特点，按照流水作业构成的一种程序，所包括的环节如图5-3所示。

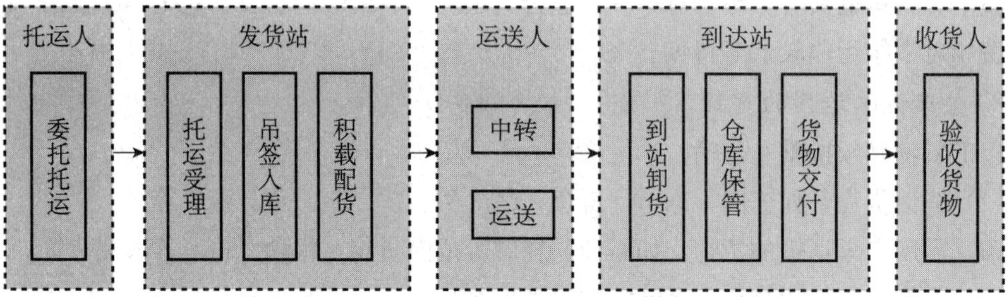

图5-3 零担货物运输作业流程

二 零担货物运输托运业务受理

零担货物托运受理人员根据营运范围内的线路、站点、运距、中转范围、各车站的装卸能力、货物的性质及收运限制等业务规则和有关规定接受零担货物，办理托运手续。

（一）受理托运的必备条件

受理托运的必备条件如下：

（1）公布办理零担业务的线路、站点（包括联运、中转站点）、班期及里程运价。

（2）张贴托运须知、包装要求和限运规定。

（二）受理托运的方法

1. 限时受理制

（1）含义：这种受理制度的托运日期无具体的规定，在营业时间内，发货人均可随时将货物送到托运站办理托运。

（2）适用地：作业量小的货运站、急运货运站以及始发量小、中转量大的中转货运站。

2. 预先审批制

（1）含义：发货人事先向货运站提出申请，货运站再根据各个发货方向及站别的运量，结合站内设备和作业能力加以平衡，分别指定日期进货集结，组成零担班车。

（2）适用地：作业量大的货运站、事先安排好的货运站以及始发量大、中转量小的中转货运站。

3. 日历承运制

（1）含义：货运站根据零担货物的流量和流向规律，编写承运日期表，事先公布，发货人则按规定日期来站办理托运手续。

（2）适用地：作业量大的货运站、事先安排好的货运站。

（3）优点：计划性、组织性、直达性、均衡性、方便性。

（三）审核托运单

零担货物托运人办理托运手续时必须填写托运单。托运业务受理人员则须对托运单进行审核。

审核托运单的要求如下：

（1）检查托运单各栏目是否填写准确、完整，有无涂改，对涂改不清的，应要求托运人重新填写。

（2）审核货物的详细情况（名称、体积、重量、有关运输要求）以及根据具体情况确定是否受理。

（3）审核到站与收货人地址是否相符，以免误运。

（4）检查有关运输凭证：货物托运人应向运输部门提供证明文件和随货同行的有关票据单据，如动、植物检疫合格证，超限运输许可证等。

（5）审核货物有无特殊要求，如运输期限、押运人数或/和托运方议定的有关事项，特别注意货主的要求是否符合有关规定、承运单位能否承担等。

（6）属于国家统管的货物或经各级政府部门列入管理的货物，必须取得准运证明方可承运。检查是否有禁运的危险货物，是否有未取得卫生检疫合格证明的动、植物，是否有未取得准运证明的超长、超高、超宽的货物。

（四）确定货物运杂费

根据货物的数量、体积等确定货物的运杂费。

（五）托运编号及分送

托运单审定后，编制托运单的号码，并将结算通知交货主。

三　业务受理相关单据

（一）运输合同

公路货物运输合同是指汽车承运人与托运人之间签订的明确相互权利关系的协议。承、托双方本着平等自愿的原则订立货运合同。

公路货物运输合同范例如下：

公司公路运输合同

甲方（托运方）：　　乙方（承运方）：
地址：　　地址：
电话：　　电话：
传真：　　传真：
法定代表人：　　法定代表人：

甲方指定乙方为甲方货物提供公路运输服务。双方经友好协商，就具体事宜达成如下协议：

第一条：承运货物及起止地点

1.1　托运的主要货物为：________________________________

包装：甲方确保产品符合国家规定的包装标准。

属性：________________________

1.2　货物的起运地点：________________________

1.3　到达地点：________________________

1.4　甲方托运的其他货物及服务内容，以货物托运单或补充协议说明。

第二条：操作流程

(1) 甲方发出运输指令；(2) 乙方回复认可书；(3) 甲方装货；(4) 双方验货签收；(5) 发往目的地交货；(6) 收货单位验签；(7) 验收后取回单；(8) 将回单交回甲方；(9) 甲方承付运费。

第三条：甲方的义务和责任

3.1　甲方至少提前8小时以电话或书面传真形式向乙方发出运输指令，通知内容包含发运时间、运输方式、货物名称、数量，并准确提供发运地和目的地地址及联络方式方法等信息。如发生特殊情况，甲方在乙方派出车辆前3小时有权对合理的内容进行变更。

3.2　甲方保证所托运的货物不属于国家违禁品。

…………

第四条：乙方责任

4.1　乙方接受甲方的委托，为其提供货物运输服务，乙方应及时操作转运货物，安全、准时、准确地将货物运至甲方指定的目的地并派送到门。

4.2　乙方必须严格按照附件中所列运输时间执行，若因特殊情况，货物没有按预订时间到达时，乙方应及时与甲方取得联系，向甲方汇报并进行处理。若甲方调查中发现有不合实际的情况，有权做出处罚。

4.3　乙方在承运过程中发生的货物被盗、丢失、淋湿、货损、交货不清、货物破损等，概由乙方负责。

…………

第五条：费用及结算方式

5.1　费用的结算标准：详见附件《________________物流货物运输报价表》。

5.2　结算方法为：每月5日前结算上月发生的运输费用，乙方须交付有效作业凭证及结算汇总表，经甲方审核无误后在3个工作日内支付乙方运费，如遇节假日则时间顺延。如有扣除的款项，应在运费中扣除。货到提付运费的甲乙双方都备有存根，以便于查账。

第六条：违约责任

6.1　因甲方提供资料不齐全而导致乙方无法送达或者延误送达，损失由甲方负责。乙方在运输过程中如果发现甲方所提供的收货人联系电话、地址有误，必须及时与甲方联系寻求解决办法，否则损失由乙方负责。

6.2　乙方错运到达地点或收货人的，乙方必须无偿将货物运到指定地点交付给收货人，由此造成货物过期送达的，按甲方规定条款处理。如果造成货物误收而丢失的，乙方应照价赔偿。

…………

第七条：文本及时效

7.1　本合同签订时，双方须出具法人资格文件和其他注册资料。如属法人委托人签署的，应有法人委托书原件。

7.2　本合同一式两份，甲、乙双方各持一份，具有同等法律效力。

7.3　本合同自双方签字盖章之日起生效。

…………

第八条：变更与终止

8.1　合同如有变更或者补充，经协商一致后，以补充协议形式确定，补充协议与原合同具有同等效力。

8.2　本合同终止后，合同双方仍承担合同终止前本合同规定的双方应该履行而未履行完毕的一切责任与义务。

第九条：纠纷及其仲裁

若合同在履行中产生纠纷，双方应及时协商解决。协商无效的，可向合同履行地人民法院申请诉讼解决。

甲方： （盖章）	乙方： （盖章）
代表人： 签署日期：	代表人 ： 签署日期：

（二）公路货物托运单

在许多情况下，尤其是一些临时性、短期的客户，是没有严格意义的运输合同的，公路货物托运单往往就是合同。公路货物托运单是承运人与托运人之间为运输货物而签订的一种运输合同。在实际操作中，可以以双方签字确认的货物托运单作为运输合同成立的证明。

托运单有以下作用：

（1）托运单是公路运输部门开具货票的凭证。

（2）托运单是调度部门派车、货物装卸和货物到达交付的依据。

（3）在运输期间发生运输延滞、空驶、运输事故时，托运单是判定双方责任的原始记录。

（4）托运单是货物收据、交货凭证。

一般公路货物托运单分为甲、乙、丙三种，以广东省省内道路货物运单为例，托运单式样见表 5－1、表 5－2 和表 5－3。

（1）甲种托运单：适用于普通货物运输、大件货物运输、危险货物运输等业务。

（2）乙种托运单：适用于集装箱运输。

（3）丙种托运单：适用于零担货物运输。

表 5-1

×××公司道路货物托运单（甲种）

本托运单经承托双方签单后具有合同效力，承运人与托运人、收货人之间的权利义务和责任界限适用《汽车货物运输规则》及《汽车运价规则》等规定。

（广东省省内道路货物运单——甲种）

起运日期：________年________月________日　　　　编号：________

承运人		地址 邮编		电话 传真		车牌号		运输 证号		车型		持车 牌号	
托运人		地址 邮编		电话 传真		装货 地点							
收货人		地址 邮编		电话 传真		卸货 地点							

货物名称及规格	包装形式	体积 长×宽×高（厘米）	件数	实际重量（吨）	计费重量（吨）	计费里程（公里）	货运周转量（吨公里）	货物等级	运价率	运费金额	其他杂费		保价、保险	
											费目	金额	金额	费
										装卸费				
										过路费				
										过桥费				
合　计														

货物运单签订地		结算方式		付款币种／计价单位		运杂费合计	万　千　百　拾　元　角　分
特约事项				托运人签章或运输合同编号： 年　月　日		承运人签章： 年　月　日	收货人签章： 年　月　日

表 5-2

×××公司道路货物托运单（乙种）

（广东省省内道路货物运单——乙种：适用集装箱汽车运输）

> 本托运单经承托双方签单后具有合同效力，承运人与托运人、收货人之间的权利义务和责任界限适用《集装箱汽车运输规则》及《集装箱汽车运价规则》等规定。

起运日期：________年________月________日　　　　编号：________

承运人		地址 邮编		电话 传真		车牌号		运输 证号		车型		持车 牌号	
托运人		地址 邮编		电话 传真		装货 地点							
收货人		地址 邮编		电话 传真		卸货 地点							

集装箱箱型 及数量		箱号		封志号		船名	航次	场站货位	卸船或进 港日期	提空箱地	还空箱地	箱货交 换方式

货物名称 及规格	包装 形式	体积 长×宽×高（厘米）	件数	实际重量 （吨）	计费重量 （吨）	计费里程 （公里）	货运周转量 （吨公里）	货物等级	运价 率	运费 金额	其他杂费 费目	其他杂费 金额	保价、保险 金额	保价、保险 费
										装卸费				
										过路费				
										过桥费				
合　计														

货物运单 签订地		结算方式		付款币种／计价单位		运杂费合计	万　千　百　拾　元　角　分
特约 事项		托运人签章或运输合同编号： 年　月　日			承运人签章： 年　月　日		收货人签章： 年　月　日

表 5-3

×××公司道路货物托运单（丙种）

本托运单经承托双方签单后具有合同效力，承运人与托运人、收货人之间的权利义务和责任界限适用《汽车货物运输规则》及《汽车运价规则》等规定。

（广东省省内道路货物运单——丙种：适用汽车零担货物运输）

起运日期：________年________月________日　　　　编号：________

起运站：		到达站：		经由：				全程		公里				
托运人				地址				电话			邮编			
收货人				地址				电话			邮编			
货物名称及规格	包装形式	体积 长×宽×高（厘米）	件数	实际重量（吨）	计费重量（吨）	计费里程（公里）	运价率（元/千克公里）	运费（元）	站务费（元）	装车费（元）	中转费（元）	仓理费（元）	路桥费（元）	保险、保价费（元）
货物运单签订地				起运日期			年 月 日	运杂费合计		万 千 百 拾 元 角 分				
特约事项				承运人签章： 年 月 日				托运人签章： 年 月 日			货运站收货人签章： 年 月 日			

（三）公路运输货物清单

一张托运单托运的件货，凡不具备同品名、同规格、同包装的以及搬家货物，托运人应向业务受理员提交物品清单。

公路运输货物清单式样如表 5-4 所示。

表 5-4　　公路运输货物清单

装货日期：
起运地点：
装货人名称：

运单号	
封志号	

编号	货物名称和规格	包装形式	件数	新旧程度	体积 长×宽×高（cm^3）	重量（kg）	保险、报价价格（元）
1							
2							
……							
备注							

托运人：　　　（签章）　　　　　　承运人：　　　（签章）
年　月　日　　　　　　　　　　　　年　月　日

实训任务单

实训名称	零担货物托运业务受理

实训任务

各小组同学分角色扮演深圳精鑫电气贸易公司业务员和宏宝物流公司托运业务受理员，完成对该批货物的托运业务受理。

实训要求

（1）业务受理过程具有专业性、逻辑性，合同填制规范、正确。
（2）角色安排合理，团队合作，小组各成员积极参与。

实训流程（步骤）

（1）根据货物确定合适的货物托运单。
（2）托运人填制货物托运单。
（3）业务受理员审核货物托运单。
（4）计算货物的运杂费。
（5）对货物进行托运编号及分送。
（6）其他组对该实训小组的作业进行评价打分。

实训评价

表 5-5　　实训评价表

序号	检查项目及评价标准	分值	得分	备注
（1）	业务受理熟练。	30		
（2）	托运单类型选择正确。	15		
（3）	托运单填制规范。	25		
（4）	运杂费计算正确。	30		

教师评语：

教师签字：
年　　月　　日

实训体会：

学生签字：
年　　月　　日

拓展任务

（1）请对深圳精鑫电气贸易公司该批托运物的运费进行计算。（提示：可翻阅本书参考文献中《运输作业实务》一书中的相关章节。）

（2）认识道路运输标志（见图 5－4）。

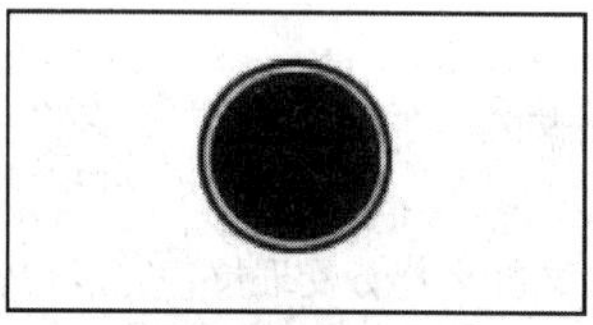

禁止车辆长时停放

禁止车辆长时停放，临时停放不受限制。禁止车辆停放的时间、车种和范围可用辅助标志说明。

禁止鸣喇叭

表示禁止鸣喇叭。此标志设在需要禁止鸣喇叭的地方。禁止鸣喇叭的时间和范围可用辅助标志说明。

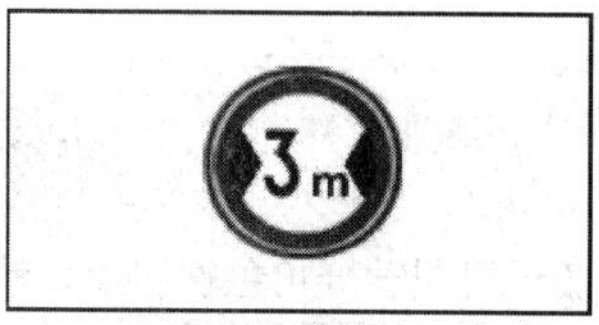

限制宽度

表示禁止装载宽度超过标志所示数值的车辆通行。此标志设在最大允许宽度受限制的地方。以图为例:装载宽度不得超过3m。

限制高度

表示禁止装载高度超过标志所示数值的车辆通行。此标志设在最大允许高度受限制的地方。以图为例：装载高度不得超过3.5m。

限制质量

表示禁止总质量超过标志所示数值的车辆通行。此标志设在需要限制车辆质量的桥梁两端。以图为例:装载总质量不得超过10t。

限制轴重

表示禁止轴重超过标志所示数值的车辆通行。此标志设在需要限制车辆轴重的桥梁两端。以图为例：车辆轴重量不得超过7t。

图 5－4　道路运输标志

(3) 认识常见标志(见图 5-5)。

图 5-5　常见标志

资料链接

检索知名运输公司的网站，了解网上托运、下单的业务流程。

技能训练二 验收员岗位实训

教学准备

（1）分组教学的实训室、多媒体教学系统。
（2）电子秤、标签、包装工具、立体仓库。

任务驱动

深圳精鑫电气贸易公司的50台空调、30台洗衣机、100台风扇由深圳宏宝物流有限公司采用公路运输方式进行承运。当托运业务受理员办理完受理业务后，精鑫电气公司的这批商品已运抵深圳宏宝物流的收货部。假设你是物流公司的验收员，请你对这批货物进行验收入库。

问题与思考：
（1）如何对货物进行检查？
（2）货物验收过程中有哪些注意事项？

知识探究

一 货物验收相关知识

（一）检查货物包装

货物包装是货物在运输、装卸、仓储、中转过程中保护货物质量必须具备的物质条件。

检查货物包装的步骤见图5-6。

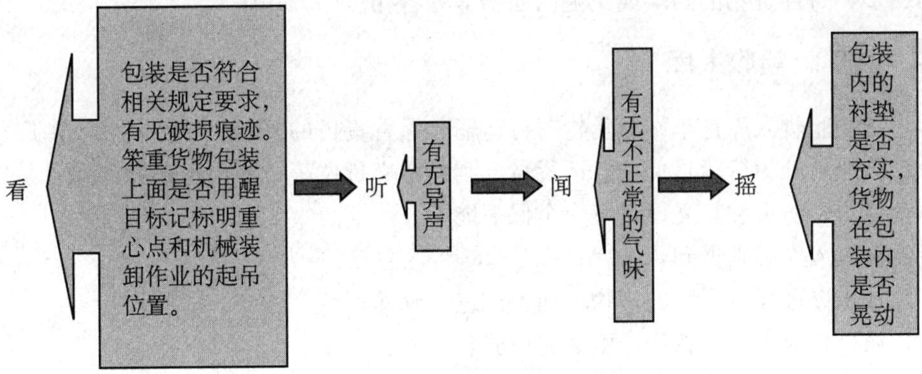

图 5－6　检查货物包装的步骤

（二）过磅量方

过磅量方是指称量货物重量或测量货物体积。货物的重量和体积与运费的核算和发生事故后正确处理赔偿费用有着密切的关系。

过磅量方：
- 实际重量：包括包装在内的重量，即毛重（Gross weight）
- 计费重量：
  - 不折算重量＝实际重量
  - 折算重量
- 标定重量：针对特定的货物所规定的统一计费标准

（三）扣（贴）标签

零担标签（标志）是货物本身与其运输票据间的联系，标明货物本身性质以及理货、装卸、中转、交付货物的重要识别凭证。标签样式如表 5－6 所示。

表 5－6　公路汽车行李、包裹、零担货物标签

车次	
起站	
到站票号	
总件数	
站发	
年　月　日	
公路汽车行李、包裹、零担货物标签	
站　至　站	
票号	总件数
站　年　月　日	

扣（贴）标签的步骤为：

第一步：检查每件货物是否都有货物标识；

第二步：托运单和货物标识内容是否完全一致；

第三步：填写标签各栏；

第四步：每件货物的两端或正侧两面明显处各扣（贴）一张。

（四）验收入库

零担货物验收入库是车站对货物履行运输、保管责任的开始；零担货物仓库应严格划分货位，一般可分为待运货位、急运货位、到达待交货位等；零担运输仓库应具备通风能力、防潮能力、防火和灯光设备及安全保卫能力。

货物验收入库必须做到：

（1）凡未办理托运手续的货物一律不准进入仓库。

（2）认真核对运单、货物，坚持照单验收入库。

（3）货物必须按流向堆码在指定的货位上。

（4）一批货物不要堆放两处，库内要做到层次分明，留有通道，互不搭肩，标签向外，箭头向上。

（5）露天堆放的货物要注意下垫上盖。

危险品储存的方式及注意事项：

（1）隔离贮存：是指在同一房间或同一区域内，不同的物料之间分开一定的距离，非禁忌物料间用通道保持空间的贮存方式。

（2）隔开贮存：是指在同一建筑或同一区域内，用隔板或墙，将其与禁忌物料分离开的贮存方式。

（3）分离贮存：是指在不同的建筑物或远离所有建筑的外部区域贮存的贮存方式。

实训任务单

实训名称	进行货物的验收入库工作
实训任务	
当宏宝物流公司托运业务受理员完成对该批货物的托运业务受理后，请各小组以验收员身份完成对该批货物的验收入库工作。把你们的成果以 Word 或 PPT 的形式展现。	
实训要求	
（1）验收入库流程合理。 （2）能正确使用电子秤、包装工具。 （3）会操作立体仓库。 （4）角色安排合理，团队合作。	
实训流程（步骤）	
1. 检查货物包装。 2. 对货物进行过磅量方。 3. 扣（贴）标签。 4. 货物入库。 5. 其他组对该实训小组的作业进行评价打分。	

实训评价

表 5-7　　实训评价表

序号	检查项目及评价标准	分值	得分	备注
(1)	检查包装动作操作规范。	25		
(2)	过磅、量方数据正确。	25		
(3)	货物标签填制规范。	20		
(4)	入库准确到位。	30		

教师评语：

教师签字：
年　月　日

实训体会：

学生签字：
年　月　日

拓展任务

请为本次托运货物设计货物的入库验收单。

资料链接

利用网络，学习了解立体化仓库的进出库作业。

技能训练三　运输配载员岗位实训

教学准备

(1) 分组教学的实训室，多媒体教学系统。

(2) 货物、包装用具、托运单、货物标签、模拟车厢。

任务驱动

深圳精鑫电气贸易公司的50台空调、30台洗衣机、100台风扇由深圳宏宝物流有限公司采用公路运输方式进行承运。当宏宝物流公司验收员对该批货物验收合格入库之后，请你作为物流公司的运输配载员对这批货物进行配载装车并交付货物。

问题与思考：

（1）货物配载有哪些注意要点？

（2）到站卸货交付工作流程有哪些步骤？

知识探究

一 货物配载相关知识

（一）零担货物的配载

（1）整理各种随货同行单据。单据要按中转、直达分开，中转次数尽可能少，且中转货物一律不得分批运送。

（2）根据车辆核定吨位、车厢容积和起运货物的重量、理化性质、长度、大小、形状等合理配载，并编制货物交接清单。

（二）装车作业

1. 装车准备工作

（1）配载装车按车辆容载量和货物的形状、性质进行合理配载，填制配装单和货物交接单。填单时应按货物先远后近、先重后轻、先大后小、先方后圆的顺序填写，以便按单顺次装车，对不同到达站和中转站的货物要分单填制。

（2）将整理后的各种随货单证分别附于交接清单后面。

2. 装载时要注意的事项

（1）装载的物品不得遗洒、飘散。

（2）货物重量不超过车辆核定的装载重量，也就是不能超过行驶证上标注的允许装载的重量。

（3）货物的长度和宽度不可以超出车厢。

（4）货物高度规定分两种情况：一是重型、中型货车和半挂车载物，从地面起不超过4米，载运集装箱的车辆不超过4.2米；二是除第一种情况以外的其他货车载物，从地面起不超过2.5米。

（5）载货汽车车厢不得载客。在城市道路上，货运机动车在留有安全位置的情况下，车厢内可以附载临时作业人员1～5人；载物高度超过车厢栏板时，货物上不得载人。

3. 装车步骤

（1）检查车体、车门、车窗是否良好。

（2）将贵重物品放在防压、防撞位置。

（3）装车完毕后复查货位，以免错装、漏装。

（4）工作人员清点随车单证并签章确认。

（5）检查车辆关锁及捆扎情况。

二 调度派车

调度派车是调度员根据运输任务安排车辆、司机、路线，并以口头或书面形式发出指令的过程。

运输公司通常根据业务特征设计适用的调度单，因而不同公司、不同业务的调度单可能会有所不同。在调度命令发布前，应详尽了解现场情况，书写命令内容、受令单位必须正确、完整、清晰，先拟后发，发布时要反复核对。

调度单如表5－8所示。

表5－8　　公路货物运输调度单

司机名称		车牌号码		车型吨位			
运输路线							
发车时间	年　月　日　时　分			预计返回时间		年　月　日　时　分	
序号	货物名称	重量	件数	运单编号	装载地点	卸载地点	收货人签章

调度员：　　　　　　　　　　　　　　　　　　司机签章：
年　月　日　　　　　　　　　　　　　　　　　年　月　日

三 卸货与交付

（一）卸货作业

（1）到站后，司机办理货物交接单和相关单证。

（2）卸货员清点卸载。

（3）车站货运员检查货物情况和货票相符情况，如无异常，则在交接单上签字，加盖业务章。

（4）发现货物缺失的，要做记录，并做相应处理。

（二）交付作业

（1）通知收货人凭提货单提货，或者按指定地点送货上门。

（2）交货时，收货人应持有货物托运单和有关证明文件。

实训任务单

实训名称	货物运输配载实训

实训任务

当货物验收员完成对精鑫电气公司这批货物的验收入库工作后，请各小组以运输配载员的身份对该批货物进行运输配载。把你们的成果以 Word 或 PPT 的形式展现，进行业务交流、汇报。

实训要求

（1）车辆选择合理。
（2）正确装载货物。
（3）能正确填制调度单。
（4）角色安排合理，团队合作。

实训流程（步骤）

（1）设计运输路线，安排车辆，确定司机。
（2）填制公路货物运输调度单。
（3）装载货物。
（4）货物卸货与交付。
（5）其他组对该实训小组的作业进行评价打分。

实训评价

表 5-9　实训评价表

序号	检查项目及评价标准	分值	得分	备注
（1）	路线设计、车辆选择合理。	20		
（2）	调度单填制规范。	25		
（3）	货物装载规范。	25		
（4）	运输配载流程清晰。	30		

教师评语：

教师签字：
年　　月　　日

实训体会：

学生签字：
年　　月　　日

拓展任务

为本次托运货物设计送货单。

资料链接

部分公路运输卡车的货厢尺寸见表 5－10。

表 5－10

货厢长（m）	车厢内宽（m）	实际载货能力（t）
2.8	1.8	2
3.8	1.8～2	3～4
4.2	2	3～5
5.1	2～2.2	3～7
6.1	2～2.2	<8
7.2	2.2～2.3	<11
8.1～8.6	2.3	10～15
9.6	2.3	15～25
12.5	2.3～2.4	15～100
14.5	2.3～2.4	15～100

项目六

生产物流岗位实训

职业要求

《物流员国家职业标准》指出，物流从业人员在企业生产过程中，能够应用准时生产理论与看板系统方面的知识进行生产型企业的物料处理；能够应用生产计划的相关知识来组织企业的半成品、外协件、通用件的生产，能够实施期量标准。

任务导读

- 物料管理基础知识
  - 准时生产的基本思想、目标及要求
  - 看板的使用方法
- 在制品管理基础知识
  - 在制品管理的内容
  - 编制生产计划的步骤
  - 期量标准
- 物料管理的工作步骤
  - 企业准时生产的实施步骤
  - 看板生产的流程
  - 生产计划编制的步骤
- 物料管理主要单证填写
  - 生产计划综合报表
  - 长远生产计划表
  - 月份生产计划表
  - 车间生产计划日报表

学习目标

知识目标：熟悉准时生产的思想与原理；知晓看板管理的原理，熟悉看板的使用方法；熟悉生产计划的编制；了解期量标准。

能力目标： 能够将准时生产应用于企业的物料管理中；能够将看板生产运用到企业的物料管理中；能够应用生产计划的相关知识来组织企业的半成品、外协件、通用件的生产，能够实施期量标准。

技能训练一　物控员岗位实训

教学准备

（1）分组教学的实训室、多媒体教学系统。

（2）准时生产系统图。

（3）生产看板设计模板。

任务驱动

浙江H公司是一家以组装加工汽车配件为主的工厂。目前，这家公司在生产管理中遇到了一些棘手的问题，企业仓库有上百种产品、几千种物料，物料种类、型号、规格繁多，让其物控员都感到头痛。而根据订单的需求，物控员需要明确物料要多少？有多少？缺多少？准确库存数到底是多少？频繁的插单、改单，物控计划如何同步调整？出现多买、少买、漏买时，如何控制偏差？领料随意，浪费严重，如何做到按定额领料？反反复复的单据抄写，怎样才能轻松又正确？怎样才能准确地同时处理多份订单？等等。

你作为该企业的物控员，应该如何解决上述问题？

问题与思考：

（1）什么是准时生产？

（2）准时生产在企业物料管理中如何实现？

（3）什么是看板管理？

（4）看板管理在企业物料管理中如何实现？

知识探究

一　准时生产相关知识

准时生产方式（Just In Time，简称“JIT”），又称作无库存生产方式（Stockless Production)，零库存（Zero Inventories），一个流（One-piece Flow）或者超级市场生产方式（Supermarket Production）。

（一）准时生产的基本思想

准时生产方式的基本思想可概括为“在需要的时候，按需要的量生产所需要的产品”，也就是通过生产的计划和控制及库存的管理，追求一种无库存，或库存达到最小的生产系统。准时生产方式的核心是追求一种无库存的生产系统，或使库存达到最小的生产系统。

（二）准时生产的目标

准时生产的目标是彻底消除无效劳动和浪费，具体要达到以下目标：

（1）废品量最低（零废品）。准时生产要求消除各种引起不合理的原因，在加工过程中每一工序都要求达到最好水平。

（2）库存量最低（零库存）。准时生产认为，库存是生产系统设计不合理、生产过程不协调、生产操作不良的证明。

（3）准备时间最短（零准备时间）。准备时间长短与批量选择相联系，如果准备时间趋于零，准备成本也趋于零，就有可能采用极小批量。

（4）生产提前期最短。短生产提前期与小批量相结合，应变能力强，柔性好。

（5）减少零件搬运，搬运量低。零件搬运是非增值操作，如果能使零件和装配件的运送量减小，搬运次数减少，就可以节约装配时间，减少装配中可能出现的问题。

（6）机器损耗少。

（7）批量小。

（三）准时生产的五个要求

品质保证的五要素包括人（Man）、材料（Material）、设备（Machine）、方法（Method）、信息（Information），也就是通常所说的“5M”。只有各个要素的“品质”都得到保证，产品的品质才能真正得到保证。

（1）人，主要指员工，包括各个生产线上的操作员和采购人员等。所有操作人员在上岗前均应接受知识培训，包括质量意识培训、相应的岗位培训等，确保各岗位人员具有相应的文化素质和操作技能。

（2）信息。企业的信息管理有专门的企业信息管理软件，记录企业的员工基本信息、设备原材料的购买、产品的生产销售等信息，把公司所有的信息电子化，易于管理；对于没有信息电子化的公司，也要把这些数据统计得清清楚楚，一个账目混乱的企业是不会有好的经济效益的。

（3）材料。采购部对每一种原材料都应严格按照公司质检部门规定的质量标准把好关，通常的做法是源流管理，选择较少的、合格的供应商，并与之建立长期的、互利的合作关系。提高供应商品质与信任度，加强对供应商的长期投入。这样才能及时获得数量充足、品质优良的原材料。

（4）设备。这是最重要的生产资料，也是提高产品品质最重要的一环。对设备的维护和保养有 TPM（Total Productive Maintenance）方法，就是全面设备保养。设备是公司的基石，只有首先保证设备的正常运转，公司的其他生产部门才能运作起来。可在设备上安装防错装置，自动检查产品是否合格，如果产品质量出现偏差，设备就会自动停止运转。

（5）方法。即依照规定的方法和步骤，制造出品质均一，并且符合既定规格的产品，确定一种良好的作业制度来制造产品。在这个制度下，从原料入厂，到成品包装出厂，全部过程都纳入严密而有组织的管理，从而能保证产品品质优良。

（四）准时生产在企业中的实施步骤

准时生产在企业中的实施步骤见图6-1。

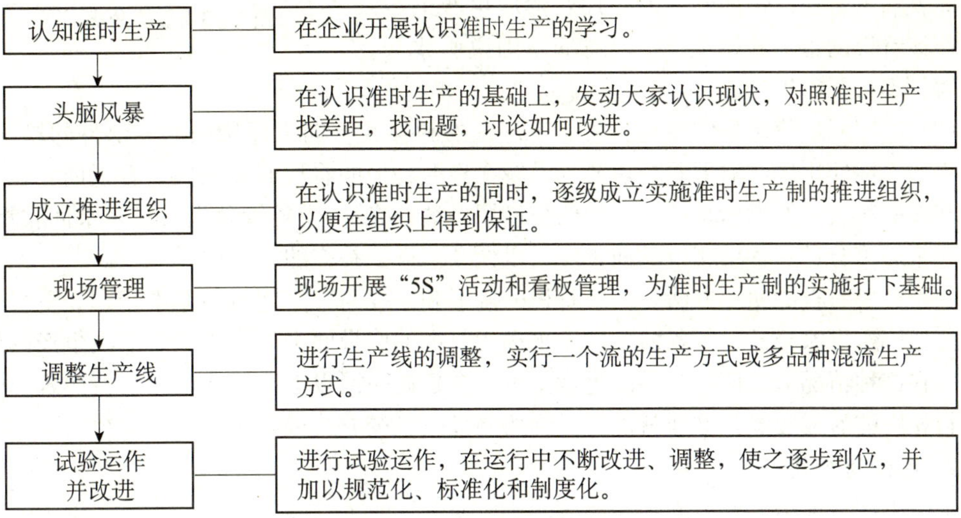

图6-1　准时生产的实施步骤

二　看板管理相关知识

看板管理，是指为了满足准时生产而控制现场生产流程的工具。看板管理方法是在同一道工序或者前后工序之间进行物流或信息流的传递，准时生产制是一种拉动式的管理方式，它需要从最后一道工序通过信息流向上一道工序传递信息，这种传递信息的载体就是看板。没有看板，准时生产是无法进行的。因此，准时生产方式有时也被称作看板生产方式。

（一）看板

看板是一种类似通知单的卡片，是传递信息或指令的牌子、小票、信息卡和器具等。其基本形式是一种长方形卡片，用塑料、金属或硬纸制成，有的为了耐用起见装入塑料袋内。看板上的内容可以根据企业管理的需要来决定，一般包括：产品名称、品种、数量、生产线名称、前后工序名称、生产方法、运送时间、运送方式和存放地点等。

1. 看板的使用方法

看板根据功能和应用对象的不同，可以分为不同的类型，具体如图6-2所示。

(1) 加工看板使用方法。加工看板在使用中最重要的一点是看板必须随实物，即与产品一起移动。后工序来领取中间品时摘下挂在产品上的工序内看板，然后挂上领取用的工序间看板。该工序然后按照看板被摘下的顺序以及这些看板所表示的数量进行生产，如果摘下的看板数量变为零，则停止生产，这样既不会延误也不会产生过量的存储。

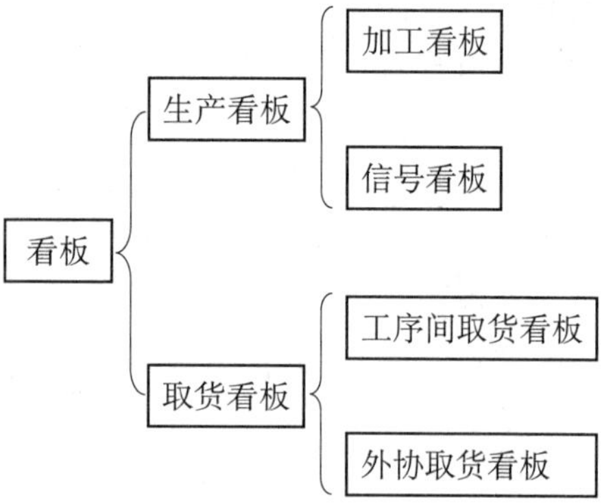

图 6－2　看板分类

(2) 信号看板的使用方法。信号看板挂在成批制作出的产品上面。如果该批产品的数量减少到基准数时就摘下看板，送回到生产工序，然后生产工序按照该看板的指示开始生产。没有摘牌则说明数量足够，不需要再生产。

(3) 工序间取货看板的使用方法。工序间看板挂在从前工序领来的零部件的箱子上，当该零部件被使用后，取下看板，放到设置在作业场地的看板回收箱内。看板回收箱中的工序间看板所表示的意思是“该零件已被使用，请补充”。现场管理人员定时来回收看板，集中起来后再分送到各个相应的前工序，以便领取需要补充的零部件。

(4) 外协看板的使用方法。外协看板的摘下和回收与工序间看板基本相同。看板回收以后按各协作厂家分开，等各协作厂家来送货时由他们带回去，成为该厂下次生产的生产指示。在这种情况下，该批产品的进货至少将会延迟一回以上。因此，需要按照延迟的回数发行相应的看板数量，这样就能够做到按照准时生产方式进行循环。

2. *看板的功能*

准时生产方式中，看板的功能如下：

(1) 生产以及运送的工作指令。看板中记载着生产量、时间、方法、顺序以及运送量、运送时间、运送目的地、放置场所、搬运工具等信息，从装配工序逐次向前工序追溯，在装配线将所使用的零部件上所带的看板取下，以此再去前工序领取。“后工序领取”以及“准时生产”就是这样通过看板来实现的。

(2) 防止过量生产和过量运送。看板必须按照既定的运用规则来使用。其中一条规则是：“没有看板不能生产，也不能运送。”根据这一规则，看板数量减少，则生产量也相应减少。由于看板所表示的只是必要的量，因此通过看板的运用能够做到自动防止过量生产以及适量运送。

(3) 进行“目视管理”的工具。看板的另一条运用规则是：“看板必须在实物上存放，前工序按照看板取下的顺序进行生产”。根据这一规则，作业现场的管理人员对生产的优先顺序能够一目了然，易于管理。通过看板就可知道后工序的作业进展情况、库存情况，等等。

(4) 改善的工具。在准时生产方式下，通过不断减少看板数量来减少在制品的中间储存。在一般情况下，如果在制品库存较高，即使设备出现故障、不良品数目增加也不会影响到后道工序的生产，所以容易把这些问题掩盖起来；即使有人员过剩，也不易察觉。根据看板的运用规则之一“不能把不良品送往后工序”，后工序所需得不到满足，就会造成全线停工，由此可立即使问题暴露，从而必须立即采取改善措施来解决问题。这样通过改善活动不仅使问题得到了解决，也使生产线的“体质”不断增强，带来了生产效率的提高。准时生产方式的目标就是要最终实现无储存生产系统，而看板提供了一个朝着这个方向迈进的工具。

3. 看板生产的流程

看板生产的运用因产品特性和生产条件的不同而不同，但它们的原理是一样的。图6－3展示了看板生产的流程。

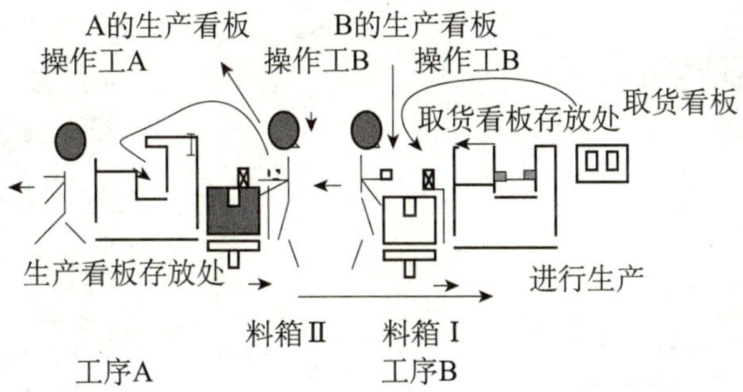

工序B接到生产看板。

↓

工序B凭取货看板和空的料箱Ⅰ到工序A处取货。

↓

工序B将装满所需零件的料箱Ⅱ上的生产看板取下，和取货看板核对后，将生产看板放入工序A的生产看板收集箱内，取货看板则挂到料箱Ⅱ上。

↓

工序B将料箱Ⅱ取走，并将料箱Ⅰ放到料箱Ⅱ原处的位置。

↓

工序B开始按生产看板上的要求进行生产。

↓

工序A接到生产看板后，去其前道工序取货。

图6－3　看板生产的流程

（二）看板管理的原则

在采用看板作为管理工具时，应遵循以下五个原则：

（1）后工序只有在必要的时候，才向前工序领取必要数量的零部件：需要彻底改变现有流程和方法。

（2）前工序应该只生产足够的数量，以补充被后工序领取的零件：在这两条原则下，生产系统自然结合为输送带式系统，生产时间达到平衡。

（3）不良品不送往后工序：后工序没有库存，后工序一旦发现次品必须停止生产，找到次品送回前工序。

（4）看板的使用数目应该尽量减少：看板的数量代表零件的最大库存量。

（5）应该使用看板以适应小幅度需求变动：计划的变更经由市场的需求和生产的紧急状况，依照看板取下的数目自然产生。

看板方式作为一种进行生产管理的方式，在生产管理史上是非常独特的，看板方式也可以说是准时生产方式最显著的特点。但是，决不能将准时生产方式与看板方式等同起来。准时生产方式说到底是一种生产管理理念，而看板只不过是一种管理工具。看板只有在工序一体化、生产均衡化、生产同步化的前提下，才有可能发挥作用。如果错误地认为准时生产方式就是看板方式，不对现有的生产管理方式作任何变动就单纯地引进看板方式的话，是对企业发展起不到任何作用的。

实训任务单

实训名称	物料统计与控制实训
实训任务	
作为浙江 H 公司的物控员，根据“知识探究”的相关内容，请你为 H 公司仓库在物料管理中出现的问题提出解决方案，形成 Word 或 PPT 文件，进行汇报交流。	
实训要求	
（1）方案设计科学、合理、实用。 （2）团队合作，小组成员积极参与。	
实训流程（步骤）	
（1）调查 H 公司仓库物料管理中出现的问题。 （2）应用准时生产知识对问题进行分析。 （3）应用看板管理知识对问题进行分析。 （4）归纳总结，提出解决方案。 （5）形成成果并汇报交流。	
实训评价	

表 6-1 实训评价表

序号	检查项目及评价标准	分值	得分	备注
（1）	问题分析到位，能直击要害。	25		
（2）	知识应用能力强。	20		
（3）	解决方案合理，操作性强。	25		
（4）	汇报交流时语言表达能力强。	30		

教师评语：

教师签字：

年　月　日

实训体会：

学生签字：

年　月　日

拓展任务

利用 Andon 系统进行生产看板设计。

资料链接

案例分析：一汽的精益生产与准时生产。（参考：http：//www.doc88.com/p-998235216568.html）

技能训练二　物料主管岗位实训

教学准备

（1）多媒体教学系统。
（2）生产计划表格模版。
（3）ERP 软件系统。

任务驱动

宁波的 L 汽配件公司是一家多品种、小批量生产类型的制造企业。该公司的在制品管理是“老大难”问题，主要是由于自制零件数量多，批量没有规律性，生产周期长，质量精度要求高，工艺复杂，传递过程中变化大。在制品在各车间中不断流动，各种原始凭据繁多，在各车间交接时重复开票、重复登记，车间在制品统计人员的日常工作十分繁忙，他们不可能对每批零件都进行精确的盘点。再加上在制品在流动过程中由于丢、漏、锈、废等因素，难免造成在制品统计数据的不真实、不及时、不准确的混乱状况。同时，由于生产管理部门下达的投入/产出计划没有按零件提前期对各车间生产零件提出投入和产出的具体时间进度要求，有些车间不管零件生产周期的长短，往往在月初一起领料和盲目投产。

于是，该公司的生产经理、物料主管和质量科长一起，针对在制品管理中出现的诸多问题，出谋划策进行改革。作为该公司的物料主管，你认为应该如何解决上述问题？

问题与思考：

（1）什么是在制品管理？
（2）如何编制生产计划？
（3）如何制定期量标准？

知识探究

一 在制品管理相关知识

在制品管理是指对在制品进行计划、协调和控制的工作，它的主要作用是保证各生产环节之间的衔接协调，按生产作业计划有节奏地、均衡地和成套地进行生产，同时有效地控制在制品的流转过程，缩短生产周期，减少在制品占用量，避免在制品积压和损失，进而提高企业的经济效益。

在制品的管理十分重要。在制品管理是车间管理的一项重要工作内容，由于物料占用了企业的大量资金，是生产成本的主要构成部分，车间必须对车间原材料、半成品及成品加以严格的管理，要有科学合理的管理方法。

如果生产系统的员工把在制品管理好，现场就会井井有条，生产效率和交期达成率就会提高，现场的浪费就会减少。

为了有效地进行在制品和半成品的管理，必须认真做好以下几方面的工作：

（1）建立和健全在制品、半成品的收发领用制度。在制品和半成品的收发领用要有入库单、领料单等原始凭证，计量、签署、登账等要严格地实行按计划限额收发的制度。

（2）对在制品和半成品要正确地、及时地进行记账核对。在工作地之间、工段之间、工段与车间内部仓库之间、车间之间、制造车间与中间半成品（毛坯库）之间，在制品、半成品的收发数量必须及时记账，及时结清账存，还要建立定期对账制度，做到账实相符和账账相符，从而可以正确地掌握车间内部和车间之间在制品的流转情况。

（3）合理地存放和保管在制品、半成品，充分发挥库房的作用。对在制品应进行分类管理，按其价值的大小，把那些从数量上来说所占比重比较小，但从资金占用量来说所占比重比较大的制品，作为“A类零件”，给予重点管理；对那些无论从数量上或资金上说都占中等地位的在制品，可以作为“B类零件”，给予普通管理；其余那些在数量上所占的比重虽然比较大，但在资金上所占的比重却比较小的在制品，则作为“C类零件”，给予一般管理。

（4）做好在制品和半成品的清点、盘存工作。在制品和半成品在生产过程中不断流动变化，它的数量有增有减，为了确切地掌握它们的数量，除了要经常记账核对以外，还要做好清点、盘存工作。

二 生产计划管理相关知识

生产计划是关于企业生产运作系统总体方面的计划，是企业在计划期应达到的产品品种、质量、产量和产值等生产任务的计划和对产品生产进度的安排。

企业的生产计划是企业生产管理的依据，它对企业的生产任务做出统筹安排，规定着企业在计划期内产品生产的品种、质量、数量和进度等指标，是企业在计划期内完成生产目标的行动纲领，是企业编制其他计划的重要依据，是提高企业经济效益的重要环节。

（一）生产计划的内容

（1）生产什么东西？——产品名称、零件名称。

（2）生产多少？——数量或重量。

（3）在哪里生产？——部门、单位。

（4）要求什么时候完成？——期限、交期。

（二）编制生产计划

生产计划管理包括两个方面，一是编制计划，二是实施生产计划和控制，包括生产调度工作和在制品管理工作、生产计划统计与分析工作。

生产计划的编制必须遵循四个步骤，具体如图 6－4 所示。

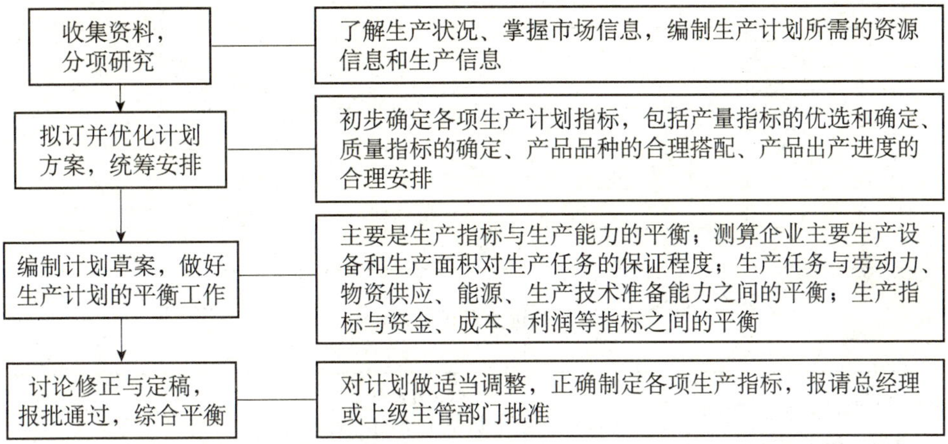

图 6－4　生产计划的编制流程

在编制生产计划的过程中，要使编制的计划具有合理性和可操作性，必须注意以下几点：

（1）要多方收集资料，掌握企业生产现状，要深入基层，掌握第一手资料，为编制计划提供可靠的依据。

（2）要搞好预测，主要是市场预测、外部主要生产条件预测，这是非常重要的一个环节。在市场经济条件下，只有准确掌握产品的市场供求状况，制订切实可行的生产计划，才能生产出适销对路的产品，提高企业的效益。

（3）要进行综合平衡，通过综合平衡，确定计划指标。综合平衡要从需求与实际生产能力出发，量力而行，留有余地，统筹合理安排。

生产计划的实施和控制是调度工作的重点，调度要围绕计划所制定的任务来组织均衡稳定的生产，完成任务计划。生产计划统计与分析工作属于生产的事后总结提高阶段。通过对计划的实施，要认真总结成功的经验，找出不足及失败的原因，为下一步的计划拟订提供改进依据。

（三）生产计划报表

表 6－2、表 6－3、表 6－4 和表 6－5 为各类生产计划报表的样表。

表 6－2　　生产计划综合报表

月　　日至　　月　　日

										使用单位		第　副本
产品名称	目前库存量	单价	库存价值	估计每日销量	可销售日数	经济产量	每日产量	需生产日数	预定生产日程			
									自	至	日数	产量
合计												

表 6－3　　长远生产计划表

月　　日

产品名称	线别	单价	月		月		月		月		月		月	
			数量	金额	数量	金额	数量	金额	数量	金额	数量	金额	数量	金额
合计产值														

审核：　　　　　　　　　　填表：

表 6－4　　月份生产计划表

本月份预定工作数________日

生产批号	产品名称	数量	金额	制造单位	制造日程		预出口日期	需要工时	估计成本			附加值	备注
					起	止			原料	物料	工资		
1													
2													

续前表

生产批号	产品名称	数量	金额	制造单位	制造日程		预出口日期	需要工时	估计成本			附加值	备注
					起	止			原料	物料	工资		
3													
4													
5													
6													
7													
8													

配合单位工时		预计生产目标		估计毛利	
准备组		产值		附加值	
质检组		总工时		制造费用	
包装组		每工时产值		估计毛利	

审核：　　　　　　　　　　计划：

表 6-5　　**车间生产计划日报表**

年　　月　　日

序号	产品名称	款号	计量单位	产量			实际产量		耗用工时		备注
				计划	实际	计划完成%	合格品	不合格品	计划	实际	
1											
2											
3											
4											
5											
6											
7											
8											
9											
10											

部门：　　　　　　　　责任人：　　　　　　　　审核：

三　期量标准相关知识

期量标准（Standard of Scheduled Time and Quantity），又称作业计划标准，是指为制造对象在生产期限和生产数量方面所规定的标准数据。先进合理的期量标准是编制生产作业计划的重要依据，它是保证生产的配套性、连续性、充分利用设备能力的重要条件。制定合理的期量标准，对于准确确定产品的投入和产出时间、做好生产过程各环节的衔接、缩短产品生产周期、节约企业在制品占用，都有重要的作用。

期量标准就是经过科学分析和计算，对加工对象在生产过程中的运动所规定的一组时间和数量标准。期量标准是有关生产期限和生产数量的标准，因而企业的生产类型和生产组织形式不同时，采用的期量标准也就不同，具体如下：

（1）大量流水线生产的期量标准有节拍、节奏、流水线工作指示图表、在制品定额等。

（2）成批生产的期量标准有批量、生产间隔期、生产周期、生产提前期、在制品定额、交货期等。

（3）单件生产的期量标准有生产周期、生产提前期等。

期量标准随产品品种、生产类型、生产组织形式而有所差别，但制定期量标准时都应遵循科学性、合理性和先进性的原则。

实训任务单

实训名称	在制品管理

实训任务

作为宁波L汽配件公司的物料主管，根据“知识探究”的相关内容，请你为L汽配件公司在在制品管理方面出现的问题提出解决方案，形成Word或PPT文件，进行汇报交流。

实训要求

（1）方案设计科学、合理、实用。
（2）团队合作，小组成员积极参与。

实训流程（步骤）

（1）调查L汽配件公司在在制品管理方面出现的问题。
（2）编制生产计划报表。
（3）编制计划标准。
（4）归纳总结，提出解决方案。
（5）形成成果并汇报交流。

实训评价

表6-6　实训评价表

序号	检查项目及评价标准	分值	得分	备注
（1）	问题分析到位，能直击要害。	25		
（2）	知识应用能力强。	20		
（3）	解决方案合理，操作性强。	25		
（4）	汇报交流时语言表达能力强。	30		

教师评语：

教师签字：
年　　月　　日

实训体会：

学生签字：
年　　月　　日

拓展任务

期量标准的制定。登录生管物控网（http：//www.sgwk.info/productioncontrol/201001211983.html），学习如何制定期量标准。

资料链接

学习翰文生产计划排程（Aps）软件。

项目七

国际货代岗位实训

职业要求

《物流员国家职业标准》指出，物流从业人员应能够进行国际货代业务基本操作。在工作过程中，熟悉货代作业流程；能够开发客户资源，确认和处理客户订单，进行揽货工作；能够办理货物的托运手续，根据信用证要求缮制托运单；掌握各种货运代理单证的区别，会缮制国际集装箱运输单证、国际空运单证、铁路运输单证以及国际多式联运单证等各种货运单证。

任务导读

- 国际货代基础知识
  - 班轮运输基本知识
  - 集装箱类型
  - 集装箱港口
  - 出口货物报关报检
  - 出口货物保险
- 国际货代工作流程
  - 揽货员工作流程
  - 业务操作员工作流程
  - 报关员、报检员工作流程
  - 保险代理员工作流程
  - 运输调度员工作流程
- 国际货代主要单证
  - 海运出口货物代运委托书
  - 集装箱货物托运单（场站收据十联单）
  - 装箱单
  - 出口货物报关单、出境货物报检单

- 海洋货物运输保险单
- 海运提单

学习目标

知识目标：了解集装箱班轮进出口业务流程、航空货物进出口业务流程和铁路运输组织方式；熟悉货代作业流程，掌握揽货、订舱、报关报检、货物投保、拼拆箱、装卸车、运输调度等作业环节的操作；熟悉各种货代单证的填制。

能力目标：作为国际货代人员，能够根据工作任务要求，完成揽货、订舱、仓储、装箱、报关报检、投保、集装箱运输调度等基本工作，能够缮制各种货代单证。

本项目主要以一笔典型出口贸易为案例背景，以海洋集装箱班轮运输为运输方式，分不同岗位角色（揽货员、操作员、报关报检员、保险代理员与运输调度员）模拟演练货代企业进行揽货、订舱、制单、报关报检、投保、调度以及集装箱运输等工作业务。

技能训练一 揽货员岗位实训

教学准备

（1）分组教学的实训室、多媒体教学系统。
（2）集装箱模型。
（3）揽货业务相关单证。

任务驱动

苏州 ABC 公司与美国 F 公司成交大米一批。当进口商的信用证开来后，按照合同条款的规定，货物的装运港在上海港，于是苏州 ABC 公司向上海 E 货代公司发出海运出口货运代理委托书，委托其办理出口代理业务。

贸易合同中的主要信息如下：商品名称：大米，数量：3 000 袋，每袋 50 千克，包装：塑料编制袋装，规格：每袋 80cm×40cm×30cm，支付方式：L/C，标记唛头：N/M，价格条款：每吨 USD800 CIF Seattle，装运港：上海港，目的港：西雅图港，保险条款：加保一切险，加一成投保。

请上海 E 货代公司揽货员完成对货主苏州 ABC 公司这批货物的揽货工作。

问题与思考：

（1）选择何种运输方式？

(2) 集装箱种类有哪些?
(3) 涉及哪些运输单证?
(4) 揽货的工作流程是什么?
(5) 揽货员应该具备的职业素养是什么?

知识探究

一 班轮运输基本知识

国际货物海上运输的方式主要有班轮运输和租船运输两种。

班轮运输 (Liner Transport) 又称定期船运输，是指船舶在固定的航线上和港口之间，按照事先公布的船期表航行，从事客、货运输业务，按照事先公布的费率收取运费的海运方式。

班轮运输的特点如下：

(1)“四固定”：航线固定、港口固定、船期固定、费率相对固定。

(2)“一负责”：由承运人负责装货作业、卸货作业和理舱作业及全部费用。

(3) 船、货双方的权利义务与责任豁免，以船方签发的提单条款为依据，并接受统一的国际公约的制约。

(4) 可承运商品的数量、品种灵活。

在20世纪60年代中后期，随着集装箱运输的发展，班轮运输开始分化为传统的杂货班轮运输和集装箱班轮运输。

杂货班轮运输是最早的班轮运输，主要以件杂货为主，还可以运输一些散货、重大件等特殊货物。杂货班轮运输特别适应小批量零星件杂货对海上运输的需要，不论货物的批量大小，货主或货代都能够随时向班轮公司托运，节省了货物等待集中的时间和仓储的费用。

集装箱班轮运输是指集装箱班轮公司按事先制定的船期表，在固定航线的固定挂靠港口之间，按规定的操作规则为非固定的广大货主提供规范的、反复的集装箱货物运输服务，并按“箱运价”来计收运费的一种营运方式。

租船运输 (Shipping by Chartering)，是指根据协议，租船人向船舶所有人租赁船舶用于货物运输，并按商定运价向船舶所有人支付运费或租金的运输方式。

租船运输的特点是：以运输货值较低的大宗货物为主；无固定航线、固定的装卸港口和固定的船期；无固定的运价。

二 集装箱的类型

集装箱 (Container)，原义是一种容器，是指专供使用并便于机械操作和运输的大型货物容器，因其外形像一个箱子，又可以集装成组进行运输，故称“集装箱”。香港称之为“货箱”，台湾称之为“货柜”。根据用途的不同，集装箱可划分为以下几种。

（一）干货集装箱

干货集装箱又称干货箱、杂货集装箱（见图 7－1），是一种通用集装箱，主要用来运输无特殊要求的普通货物。干货集装箱通常用来装运各种件杂货，包括日用百货、食品、机械、仪器、家电用品、医药以及各种贵重物品等。

（二）散货集装箱

散货集装箱（见图 7－2）适于装运粉状或粒状货物，如大豆、大米、各种饲料以及水泥、化学制品等散装粉末状或颗粒状货物。

图 7－1 干货集装箱

图 7－2 散货集装箱

（三）冷藏集装箱

冷藏集装箱（见图 7－3）又称冷柜或冻柜，分为内置式（内带冷冻机制冷）和外置式（设进出气孔，靠外部冷冻装置制冷）冷藏集装箱。冷藏集装箱以运输冷冻食品为主，如鱼、肉、新鲜水果、蔬菜等。

（四）开顶（敞顶）集装箱

开顶（敞顶）集装箱（见图 7－4）适于装载大型货物和重货，如钢铁、木材、玻璃板等。

图 7－3 冷藏集装箱

图 7－4 开顶集装箱

（五）台架（框架）集装箱

台架（框架）集装箱（见图 7－5）适合装载长大件和重货件，以及可以免除外包装的裸装货，如重型机械、钢材、钢管、木材、钢锭等。

图 7－5　台架集装箱

（六）罐状集装箱

罐状集装箱（见图 7－6）专用以装运酒类、油类（如动植物油）、液体食品以及化学品等液体货物。

图 7－6　罐状集装箱

三　揽货员工作流程

揽货员的主要工作就是根据客户提供的具体货物名称、数量、种类、航程、时间要求、货物备妥时间、偏好之船公司或其他承运人等信息，及时报出运价。经过一番询价还盘之后，在双方意见趋于一致的情况下，揽货员应及时把握机会，与客户签订服务合作协议。货代接单就是接受客户委托，签订国际货运服务协议书。接单是揽货的目的，也意味着集装箱运输操作的开始。

揽货员工作流程图见图 7－7。

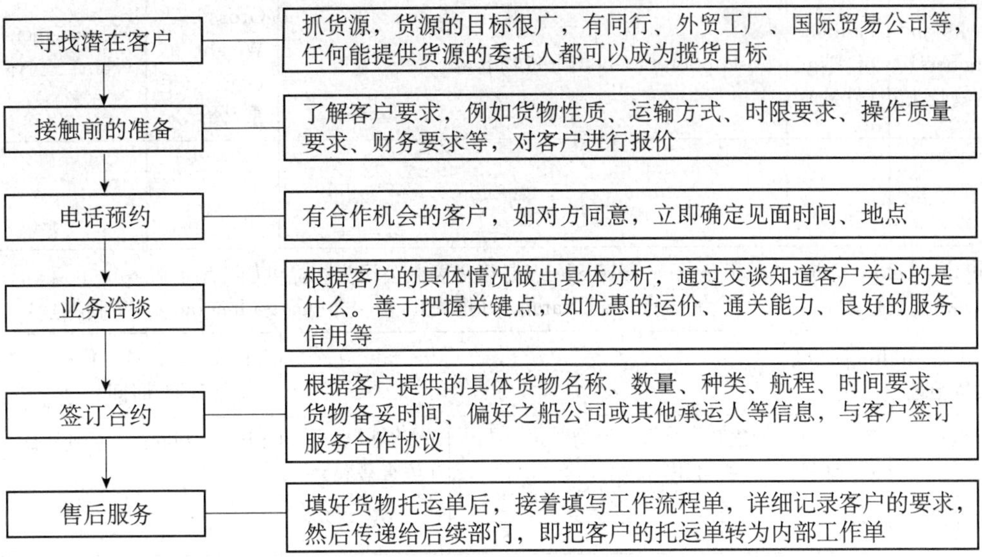

图 7-7　揽货员工作流程图

四　揽货员工作相关单证

在签订合约阶段，揽货员需要和货主（卖方）签订一份国际货运服务协议书——《海运出口货运代理委托书》。样表见表 7-1。

表 7-1　　　　海运出口货物代运委托书

<table>
<tr><td colspan="2">Shipper（发货人）</td><td colspan="5" rowspan="3">________国际货运有限公司

地址：
电话：
传真：</td></tr>
<tr><td colspan="2">Consignee（收货人）</td></tr>
<tr><td colspan="2">Notify Party（通知方）</td></tr>
<tr><td>Pre-carriage By（前程运输）</td><td>Place of Receipt（收货地）</td><td colspan="3">Freight & Charges
运费支付条款</td><td>Prepaid（预付）</td><td>Collect（到付）</td></tr>
<tr><td>Vessel / Voyage（船名/航次）</td><td>Port of Loading（装货港）</td><td>LCL</td><td>FCL</td><td>20'GP</td><td>40'GP</td><td>40'HQ</td></tr>
<tr><td>Port of Discharge（卸货港）</td><td>Place of Delivery（交货地）</td><td colspan="5">Final Destination（最终目的地）</td></tr>
</table>

<table>
<tr><td>Marks and Numbers（货物唛头）</td><td>Number of Pkgs（件数）</td><td colspan="3">Description of Goods（货物名称）</td><td>Gross Weight (kgs)（毛重/公斤）</td><td>Measurement (cbm)（体积/立方米）</td></tr>
<tr><td></td><td></td><td colspan="3"></td><td></td><td></td></tr>
<tr><td colspan="7">Whether below Value Added Service is Needed（是否需要敝公司为您提供如下增值服务）：
Trucking（拖车） Customs Clearance（报关） Cargo Insurance（货物保险）</td></tr>
<tr><td colspan="5">Loading Address：
（装货地址：）</td><td colspan="2">Trucking Time/Date
（装货日期/时间）</td></tr>
<tr><td>Contact Person（联系人）</td><td colspan="3">TEL NO. / EXT
（电话号码/分机号码）</td><td>FAX NO.
（传真号码）</td><td colspan="2">Mobile Phone（手机号码）</td></tr>
<tr><td colspan="3">Note（备注）</td><td colspan="2">Booking Company's Chop and Signature（托运人公司签章）

Date（日期）：</td><td colspan="2">Logistics Company's Chop and Signature（代理公司签章）

Date（日期）：</td></tr>
</table>

实训任务单

<table>
<tr><td>实训名称</td><td>揽货员揽货业务</td></tr>
<tr><td colspan="2">实训任务</td></tr>
<tr><td colspan="2">学习完“知识探究”的内容后，请各小组分角色，以上海E货代公司海运部揽货员张勇的身份完成对货主苏州ABC公司这批货物的揽货工作。</td></tr>
<tr><td colspan="2">实训要求</td></tr>
<tr><td colspan="2">（1）揽货业务受理过程具有专业性、逻辑性，合同填制规范、正确。
（2）角色安排合理，团队合作，小组成员积极参与。</td></tr>
<tr><td colspan="2">实训流程（步骤）</td></tr>
<tr><td colspan="2">（1）为货主选择合适的运输方式和集装箱箱型。
（2）计算所需集装箱的数量。
（3）填制海运出口货物代运委托书。
（4）计算代理费用。
（5）其他组对该实训小组的作业进行评价打分。</td></tr>
</table>

实训评价

表 7-2　实训评价表

序号	检查项目及评价标准	分值	得分	备注
(1)	揽货业务受理熟练。	30		
(2)	运输方式、集装箱箱型选择合理。	20		
(3)	集装箱数量计算正确。	20		
(4)	单据填制规范。	30		

教师评语：

教师签字：
年　月　日

实训体会：

学生签字：
年　月　日

拓展任务

利用网络查询集装箱型号规格及集装箱载货量的计算方法，并计算出苏州 ABC 公司的该批大米一共需要多少个 20 米的集装箱来装箱。

资料链接

观看视频：如何成为一名优秀的货代揽货员（http：//www.tudou.com/programs/view/TgypancyBmg/）。写出观看心得，进行交流。

技能训练二　业务操作员岗位实训

教学准备

（1）多媒体教学系统。

(2) 世界海运航线图。

(3) 船公司订舱模拟系统。

(4) 业务操作员工作相关单证。

任务驱动

揽货部员工接到苏州ABC公司这一批大米的全部出口工作委托后，E货代公司业务部操作人员即刻展开工作，先从货主处接单，审核货主提交的单据，然后为货主安排货物的国内、国际段运输（租船订舱）、装箱等工作。

请上海E货代公司业务操作员完成上述业务操作。

问题与思考：

(1) 集装箱海运的船公司主要有哪些？主要航线有哪些？

(2) 如何进行租船订舱？

(3) 业务操作员涉及的单证有哪些？如何缮制这些单证？

(4) 业务操作员的工作流程是什么？

(5) 业务操作员应该具备的职业素养是什么？

知识探究

一 海运航线与主要集装箱船公司

世界各地水域在自然条件的限制下，可供船舶航行的一定路径，称为航线。世界主要海运航线见图7-8。

目前，世界集装箱海运干线主要有以下几条：

(1) 远东←→北美航线。

(2) 远东←→欧洲、地中海航线。

(3) 北美←→欧洲、地中海航线。

(4) 远东←→澳大利亚航线。

目前，世界上大型的集装箱船公司主要有：马士基航运公司（丹麦）、地中海航运公司（瑞士）、达飞轮船公司（法国）、赫伯罗特航运公司（德国）、中国远洋运输公司（中国）、中海集装箱运输有限公司（中国）、美国总统轮船公司（美国）、长荣海运股份有限公司（中国台湾）、韩进海运（韩国）、商船三井（日本）等。

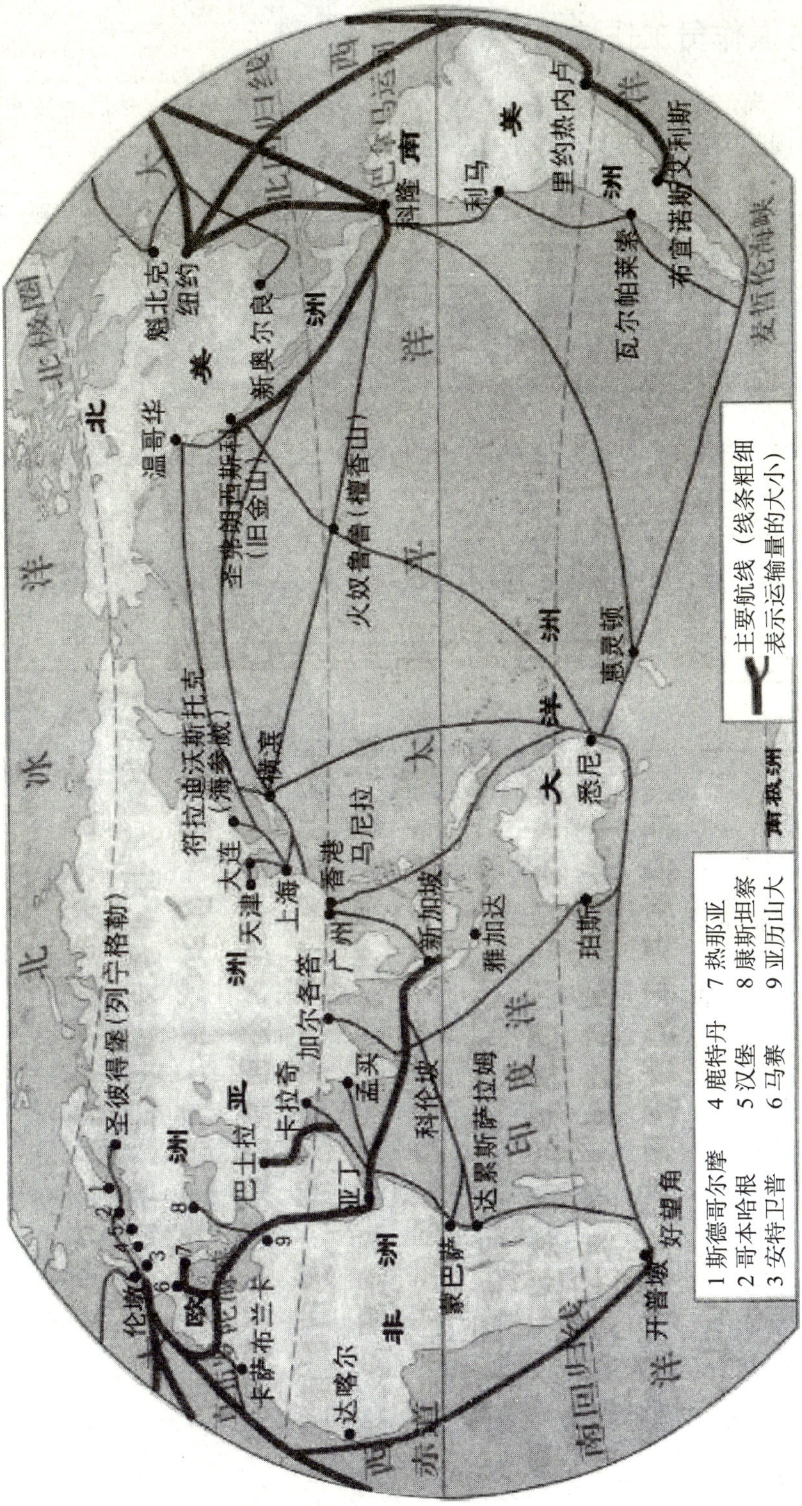

图7－8 世界主要海运航线图

二 业务操作员工作流程

业务操作员岗位职责是：从货主处接单，审核货主提交的单据，然后为货主安排货物的国内运输及国际段运输（租船订舱）。其具体操作步骤如图 7－9 所示。

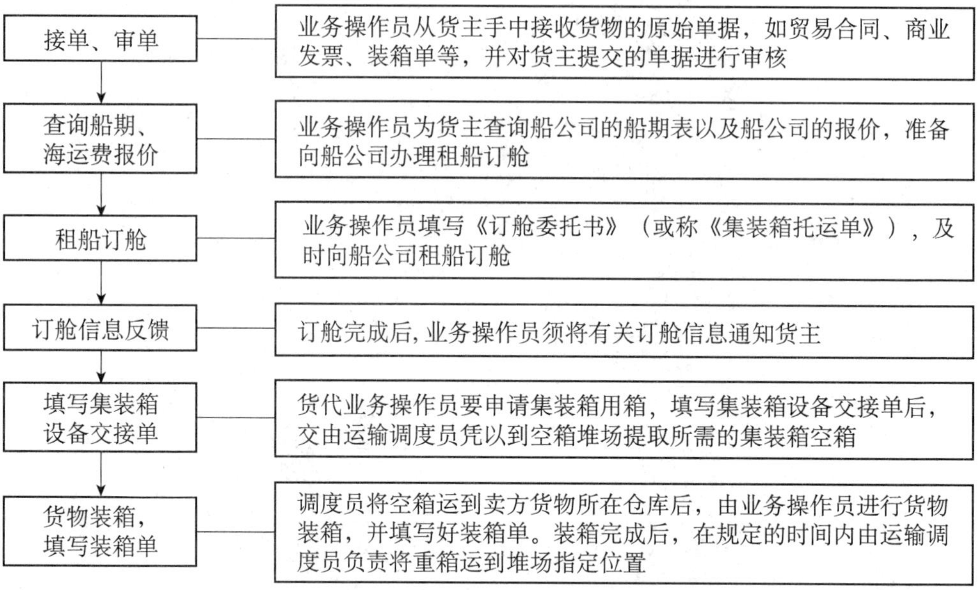

图 7－9　业务操作员工作流程图

三 业务操作员工作相关单证

（一）集装箱货物托运单

集装箱货物托运单（见表 7－3）又称为场站收据（Dock Receipt，D/R），是指承运人委托集装箱堆场、集装箱货运站或内陆站在收到整箱货或拼箱货后签发的收据，是集装箱运输专用的出口单据。托运人或其代理人可凭场站收据向船代换取已装船或备运提单。不同的港口、货运站使用的集装箱货物托运单也不一样，其联数有 10 联、12 联、7 联不等，以 10 联单较为常用。

第一联，货主留底。

第二联，集装箱货物托运单（船代留底）。

第三、四联，运费通知单（1）（2）。

第五联，装货单场站收据副本（关单）。

第六联，场站收据副本（大副联）。

第七联，场站收据（正本）。

第八联，货代留底。

第九、十联，配舱回单（1）（2）。

表 7-3　　**集装箱货物托运单（货主留底）（B/N）**

Shipper			D/R NO.		抬头（公章）
Consignee			集装箱货物托运单		
Notify Party			货方留底		第一联
Pre-carriage by			Place of Receipt		
Ocean Vessel			Port of Loading		
Voy. No.			Port of Discharge		
Place of Delivery			Final Destination for the Merchant's Reference		
Container No.	Seal No.	No. of Containers or Pkgs	Kind of Packages Description of Goods	Gross Weight	Measurement
Total Number of Containers or Packages (in words)			Say ______________ Only		
Freight &Charges	Revenue Tons		Rate	Pre	Prepaid / Collect
Ex. Rate	Prepaid at		Payable at		Place of Issue
	Total Prepaid		No. of Original B/L		
Service Type on Receive CY☐ CFS☐ Door☐	Service Type on Delivery CY☐ CFS☐ Door☐		Reefer Temperature Required	F	C
Type of Goods	Ordinary ☐ Reefer ☐ Dangerous ☐ Auto. ☐ Liquid ☐ Live Animal ☐ Bulk☐		危险品	Class： Property： Imdg Code Page： UN NO.：	
可否转船 Yes☐ NO☐	可否分批 Yes☐ NO☐				
装期	效期				
金额：					
制单日期：					

场站收据是一份综合性单证，它把货物托运单（订舱单）、装货单（关单）、大副收据、理货单、配舱回单、运费通知等单证汇成一份，这对于提高集装箱货物托运效率和流转速度有很大意义。

一般认为，场站收据的功能主要有：

（1）船公司或船代确认订舱并在场站收据上加盖有报关资格的单证章后，将场站收据交给托运人或其代理人，意味着运输合同开始执行。

（2）是出口货运报关的凭证之一。

（3）是承运人已收到托运货物并对货物开始负有责任的证明。

（4）是换取海运提单或联运提单的凭证。

（5）是船公司、港口组织装卸、理货、配载的资料。

（6）是运费结算的依据。

（7）如信用证中有规定，可作为向银行结汇的单证。

（二）装箱单

集装箱装箱单（Container Load Plan，CLP）（见表 7-4）是详细记载集装箱内货物

表 7－4　　集装箱装箱单

装箱单
CONTAINER LOAD PLAN

				集装箱号 Container No.		集装箱规格 Type of Container: 20 40	
				铅封号 Seal No.		冷藏温度 ℉ ℃ Reefer. temp. Required	
船名 Ocean Vessel	航次 Voy. No.	收货地点 PLace of Receipt □—场/CY □—站/CFS □—门/Door	装货港 Port of Loading	卸货港 Port of Discharging		交货地点 Place of Delivery □—场/CY □—站/CFS □—门/Door	
箱主 Owner	提单号码 B/L No.	1. 发货人 Shipper　2. 收货人 Consignee　3. 通知人 Notify	标志和号码 Marks & Numbers	件数及包装种类 No. & Kind of Pkgs.	货名 Description of Goods	重量(公斤) Weight kgs.	尺码(立方米) Measurement Cu. M.
		底 Front 门 Door					
					总件数 Total Number of Packages 重量及尺码总计 Total Weight & Measurement		
危险品要注明危险品标签分类及闪点 In case of dangerous goods, please enter the label classification and flash point of the goods.	重新铅封号 New Seal No.		开封原因 Reason for Breaking Seat	装箱日期 Date of Vanning: ………… 装箱地点 at: ………………………… (地点及国名 Place & Country)			皮重 Tare Weight
	出口 Export	驾驶员签收 Received by Drayman	堆场签收 Received by CY	装箱人 Packed by: 发货人 货运站 (Shipper/CFS)			总毛重 Gross Wight
	进口 Import	驾驶员签收 Received by Drayman	货运站签收 Received by CFS	……………… (签署)Signed		发货人或货运站留存 1. SHIPPER/CFS (1)一式十份 此栏每份不同	

的名称、数量等内容的单据，每个载货集装箱都要制作这样的单据，它是根据已装进集装箱内的货物制作的。不论是由发货人自己装箱的（FCL），还是由集装箱货运站负责装箱的（LCL），负责装箱的人都要制作装箱单。集装箱装箱单是详细记载每一个集装箱内所装货物详细情况的唯一单据，所以在以集装箱为单位进行运输时，它是一张极其重要的单据。

装箱单一式五联，分别为：码头联、船代联、承运人联及两份发货人/装箱人联。

集装箱装箱单的主要作用如下：

（1）作为发货人、集装箱货运站与集装箱码头堆场之间货物的交接单证。

（2）作为向船公司通知集装箱内所装货物的明细表。

（3）单据上所记载的货物与集装箱的总重量是计算船舶吃水差、稳性的基本数据。

（4）在卸货地点是办理集装箱保税运输的单据之一。

（5）当发生货损时，是处理索赔事故的原始单据之一。

（6）卸货港集装箱货运站安排拆箱、理货的单据之一。

实训任务单

实训名称	货代业务操作员业务

实训任务

学习完“知识探究”内容后，请各小组分角色，以上海E货代公司海运部业务操作员王雷的身份进行业务员业务操作。

实训要求

（1）业务操作过程具有专业性、逻辑性，单据填制规范、正确。
（2）角色安排合理，团队合作，各小组成员积极参与。

实训流程（步骤）

（1）从货主手中接单、审单。
（2）登录中远集运网站查询船期，登录锦程物流网查询集装箱海运运价情况。
（3）填制集装箱货物托运单，进行租船订舱。
（4）填制集装箱设备交接单。
（5）填制集装箱装箱单。
（6）其他组对该实训小组的作业进行评价打分。

实训评价

表7-5 实训评价表

序号	检查项目及评价标准	分值	得分	备注
（1）	能熟练查询船期和运价。	25		
（2）	集装箱托运单填制规范。	25		
（3）	集装箱设备交接单填制规范。	25		
（4）	集装箱装箱单填制规范。	25		

教师评语： 教师签字： 年 月 日
实训体会： 学生签字： 年 月 日

拓展任务

（1）船期查询：登录中远集运网站（http：//ebusiness. coscon. com/wps/portal/Home/info/sailingschedules/）查询船期。

（2）海运运价查询：登录锦程物流网（http：//www. jctrans. com/）查询集装箱海运运价情况。

资料链接

视频观赏："海上巨无霸"集装箱船纪录片。

http：//v. youku. com/v _ show/id _ XNDIXNDK40DIW. html/

技能训练三 报关员、报检员岗位实训

教学准备

（1）多媒体课件。

（2）货物出口报关、报检相关单据。

任务驱动

苏州 ABC 公司与美国 F 公司成交大米一批。由于苏州 ABC 公司将该批出口货物全权委托给上海 E 货代公司代为办理出口业务，因此货代公司的报关报检人员须在业务人员办理完订舱后要为货主安排出口货物的报关、报检工作。请上海 E 货代公司海运部报检报关员完成该批货物的出口报关、报检工作。

问题与思考：

（1）我国对哪些出入境商品实施检验检疫？

（2）一般进出口货物报关的环节是怎样的？

（3）如何办理出口商品报检业务？商品的出口检验检疫单据如何填制？

（4）如何办理出口商品报关业务？商品的出口报关单如何填制？

（5）报关员、报检员应该具备的职业素养是什么？

知识探究

一 货物检验检疫相关知识

商品检验检疫是指由商品检验机关对进出口商品的品质、数量、重量、包装、标记、产地、卫生、安全、残损、装运条件等进行检验并对涉及人、动物、植物的传染病、病虫害、疫情等进行检疫，并出具检验检疫证书，确定商品是否符合买卖合同条款及买卖双方所处国家的法律法规规定的工作。

国家出入境检验检疫部门对以下商品实施法定检验：

（1）列入《出入境检验检疫机构实施检验检疫的进出境商品目录》（简称《检验检疫商品目录》）的商品。

（2）《中华人民共和国食品卫生法（试行）》规定，应进行卫生检验检疫的进出口食品。

（3）危险货物的包装容器、运输设备和工具的安全技术条件的性能和使用鉴定。

（4）装运易腐烂变质食品、冷冻品的船舱、货仓、车厢和集装箱等运载工具。

（5）国家其他有关法律、法规规定须经出入境检验检疫机构检验的进出口商品、物品、动植物等。

我国实施检验检疫的机构，常见的有中国质量监督检验检疫总局（简称“质检总局”）(AQSIQ)、中国进出口商品检验总公司（CCIC)、中国国家认证认可监督管理委员会和中国国家标准化管理委员会等。

在国际贸易中，比较常见的是商品在出口国检验，进口国复验，也就是说，装运前的检验证书作为卖方收取货款的出口单据之一，但货到目的地后，如经双方认可的商检机构复验后，发现货物与合同规定不符，且断定是卖方责任，则买方可在规定时间内向卖方提出异议和索赔，甚至拒收货物。这种方法折中调和了买卖双方的分歧，对双方都比较公平合理，在国际贸易中较常见。

二 出口货物报关相关知识

报关，是指进出口货物的收发货人、进出境运输工具负责人、进出境物品的所有人或者他们的代理人向海关办理货物、物品、运输工具进出境手续及相关海关事务的全过程。

一般进出口货物报关包括四个环节：进出口申报→配合查验→缴纳税费→提取或装运货物。

（一）进出口申报

1. 申报的含义

申报是指进出口货物收发货人、受委托的报关企业，依照《海关法》及有关法律、行政法规的要求，在规定的期限、地点，采用电子数据报关单和纸质报关单形式，向海关报告实际进出口货物的情况，并接受海关审核的行为。

2. 申报的地点

（1）一般情况下，进口货物应当在进境地海关申报。

（2）一般情况下，出口货物应当在出境地海关申报。

3. 申报的期限

（1）进口货物：运载进口货物的运输工具申报进境之日起 14 天内（期限的最后一天是法定节假日或星期日的，顺延到节假日或星期日后的第一个工作日）。

（2）出口货物：货物运抵海关监管区后、装货的 24 小时以前。

（二）配合检查

海关查验是指海关为确定进出口货物收发货人向海关申报的内容是否与进出口货物的真实情况相符，或者为确定商品的归类、价格、原产地等，依法对进出口货物进行实际核查的执法行为。

1. 海关查验

（1）查验地点一般为海关监管区或装卸现场，特殊情况海关可以派员到监管区外进行查验。

（2）查验时间由海关以书面形式提前通知，一般为正常工作日；特殊情况经申请也可以在其他时间查验。

（3）查验方式包括彻底查验、抽查、外形查验三种。

（4）报关单位不在场时，海关可径行开验，但须有见证人在场（仓库管理人员等），并在报告上签字。

2. 配合查验

（1）负责搬运货物、开箱、封箱。

（2）回答提问，提供有关单证。

（3）负责提取需要做进一步检验、化验或鉴定的货样，收取海关开具的取样清单。

（4）确认查验结果，在《海关进出境货物查验记录单》上签字。

（三）缴纳税费

（1）缴税时间为海关签发税款缴纳书之日起 15 日内。

（2）缴税方式为向指定银行办理或在网上电子支付。

（四）提取或装运货物

1. 海关进出境现场放行和货物结关

（1）海关进出境现场放行。经上述过程后，海关对进出口货物做出结束海关现场监管的决定，允许进出口货物离开海关监管现场的工作环节。

（2）海关现场放行。海关现场放行分两种情况：一种情况是结关，另一种情况是进入海关的后期监管。

2. 提取或装运货物

（1）进口货物：凭加盖海关放行章戳记的进口提货凭证到货物进境地的港区、机场、车站、邮局等地的海关监管仓库办理提取进口货物的手续。

（2）出口货物：凭加盖有海关放行章戳记的出口装货凭证到货物出境地的港区、机场、车站、邮局等地的海关监管仓库，办理货物装上运输工具离境的手续。

3. 申请签发报关单证明联和办理其他证明手续

需要海关签发有关货物的进口、出口货物报关单证明联或办理其他证明手续的，均可向海关提出申请。

（1）申请签发报关单证明联：进口付汇证明、出口收汇证明、出口退税证明联。

（2）办理其他证明手续：出口收汇核销单、进口货物证明书。

三　出口报关报检员工作流程

在业务人员办理完订舱后，货代公司中的报关、报检人员须为货主安排出口货物的报关、报检工作。报关工作流程和报检工作流程如图 7－10、图 7－11 所示。

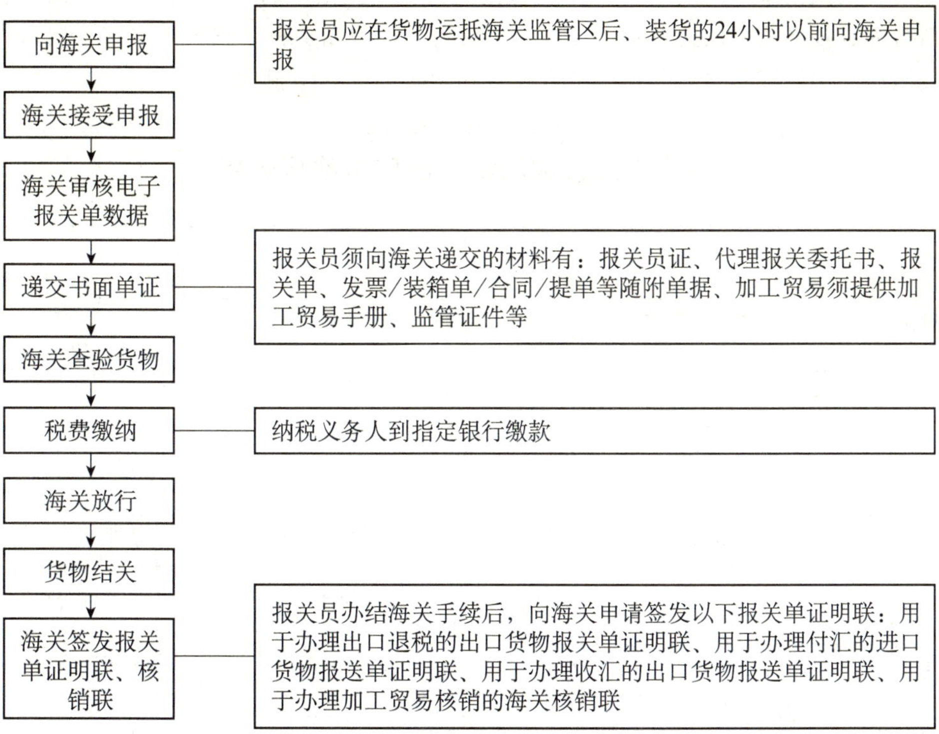

图 7－10　报关员工作流程图

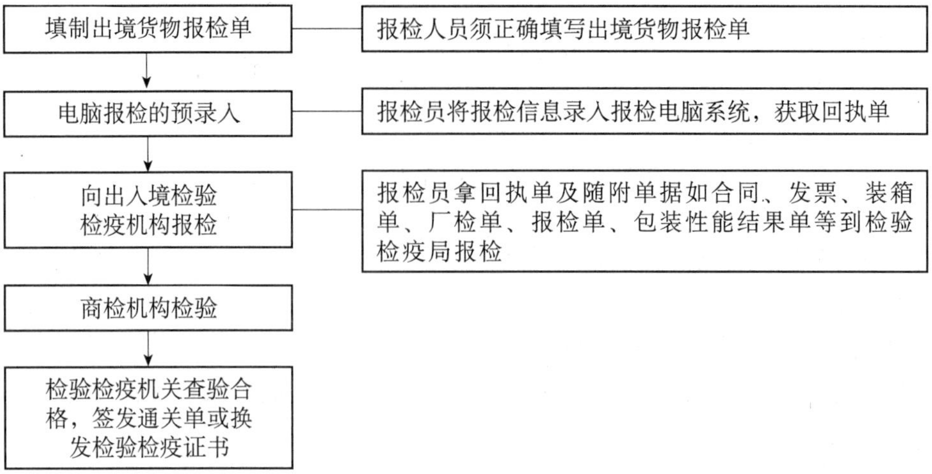

图 7－11　报检员工作流程图

四　报关员、报检员工作相关单证

（一）出口货物报关单

出口货物报关单（见表 7－6）是出口商向海关申报出口的重要单据，也是海关直接监督出口行为、核准货物放行及对出口货物汇总统计的原始资料，它直接决定了出口外销活动的合法性。出口货物报关单由中华人民共和国海关统一印制。

表 7－6　海关出口货物报关单

中华人民共和国海关出口货物报关单

预录入编号：　　　　　　　　　　　　海关编号：

出口口岸	备案号	出口日期	申报日期	
经营单位	运输方式	运输工具名称	提/运单号	
发货单位	贸易方式	征免性质	结汇方式	
许可证号	运抵国（地区）	指运港	境内货源地	
批准文号	成交方式	运费	保费	杂费
合同协议号	件数	包装种类	毛重（公斤）	净重（公斤）
集装箱号	随附单据		生产厂家	
标记唛码及备注				

<table>
<tr><td colspan="3">项号 商品编号 商品名称、规格型号 数量及单位 最终目的国（地区） 单价 总价 币制 征免</td></tr>
<tr><td colspan="3"></td></tr>
<tr><td colspan="3"></td></tr>
<tr><td colspan="3"></td></tr>
<tr><td colspan="3"></td></tr>
<tr><td colspan="3"></td></tr>
<tr><td colspan="3">税费征收情况</td></tr>
<tr><td>录入员 录入单位</td><td rowspan="2">兹声明以上申报无讹并承担法律责任

申报单位（签章）

填制日期</td><td>海关审单批注及放行日期（签单）
审单 审价</td></tr>
<tr><td>报关员
单位地址
邮编 电话</td><td>征税 统计
查验 放行</td></tr>
</table>

（二）出境货物报检单

报检单是国家检验检疫部门根据检验检疫、鉴定工作的需要，为保证检验检疫工作规范化和程序化而特制的。它是报检申请人正式向检验检疫机构申请检验检疫、鉴定，以取得该批货物合法出口的书面凭证，报检单同时也是检验检疫机构对出境货物启动检验检疫程序的依据。出境货物报检单如表 7－7 所示。

表 7－7　　出境货物报检单

<table>
<tr><td colspan="7">中华人民共和国出入境检验检疫
出境货物报检单
报检单位（加盖公章）：________　　*编　号________
报检单位登记号：　　联系人：　　电话：　　报检日期：　年　月　日</td></tr>
<tr><td rowspan="2">发货人</td><td colspan="6">（中文）</td></tr>
<tr><td colspan="6">（外文）</td></tr>
<tr><td rowspan="2">收货人</td><td colspan="6">（中文）</td></tr>
<tr><td colspan="6">（外文）</td></tr>
<tr><td colspan="2">货物名称（中/外文）</td><td>H. S. 编码</td><td>产地</td><td>数/重量</td><td>货物总值</td><td>包装种类及数量</td></tr>
<tr><td colspan="2"></td><td></td><td></td><td></td><td></td><td></td></tr>
</table>

运输工具名称号码		贸易方式		货物存放地点	
合同号		信用证号		用途	

发货日期		输往国家（地区）		许可证/审批号	
启运地		到达口岸		生产单位注册号	
集装箱规格、数量及号码					

合同、信用证订立的检验检疫条款或特殊要求	标记及号码	随附单据（划“√”或补填）	
		□ 合同 □ 信用证 □ 发票 □ 换证凭单 □ 装箱单 □ 厂检单	□ 包装性能结果单 □ 许可/审批文件 □ □ □ □

需要证单名称（划“√”或补填）		＊检验检疫费	
□ 品质证书 __正__副 □ 重量证书 __正__副 □ 数量证书 __正__副	□ 植物检疫证书 __正__副 □ 熏蒸/消毒证书 __正__副 □ 出境货物换证凭单 __正__副	总金额（人民币元）	
□ 兽医卫生证书 __正__副 □ 健康证书 __正__副	□ □	计费人	
□ 卫生证书 __正__副 □ 动物卫生证书 __正__副	□ □	收费人	

报检人郑重声明：	领取证单	
1. 本人被授权报检。 2. 上列填写内容正确属实，货物无伪造或冒用他人的厂名、标志、认证标志，并承担货物质量责任。	日期	
签名：__________	签名	

注：有“＊”号栏由出入境检验检疫机关填写。

◆国家出入境检验检疫局制

[1—2（2000.1.1）]

实训任务单

实训名称	海运货物出口报关、报检业务
实训任务	
学习完“知识探究”内容后，请各小组分角色，以上海E货代公司海运部报检、报关员谢丹的身份完成该批货物的报关报检工作。	
实训要求	
（1）能完成对海运货物出口的报关报检工作，相关单据填制规范、正确。 （2）角色安排合理，团队合作，小组成员积极参与。	
实训流程（步骤）	
（1）对货物进行出口报关申报，填制海运出口货物报关单。 （2）对货物进行报检，填制出境货物报检单。 （3）其他组对该实训小组的作业进行评价打分。	

实训评价

表 7－8　实训评价表

序号	检查项目及评价标准	分值	得分	备注
（1）	报关、报检流程清晰。	20		
（2）	报关单填制规范。	40		
（3）	报检单填制规范。	40		

教师评语：

教师签字：
年　　月　　日

实训体会：

学生签字：
年　　月　　日

拓展任务

（1）登录网址 http：//course. shufe. edu. cn/course/swglsw/bg/zn2. htm＃1，查询报关单填制规范，能正确填制报关单。

（2）登录网址 http：//pj. lnciq. gov. cn/zlxz/201506/t20150630 _ 115941. htm，查询出境货物报检单填制规范，能正确填制出境货物报检单。

资料链接

了解海关 H2000 电子通关系统。

技能训练四　保险代理员岗位实训

教学准备

（1）多媒体课件。

（2）货物运输投保相关单据。

任务驱动

苏州ABC公司与美国F公司成交大米一批，苏州ABC公司将该批出口货物全权委托给上海E货代公司代为办理出口业务。该笔业务采用CIF术语成交，按照国际惯例，在CIF术语成交的情况下，国际货运保险由卖方投保，因此货代保险代理人员在货物离港之前要及时到保险公司为货物办理国际货运保险。请上海E货代公司海运部保险代理员完成该批货物的海洋运输货物的投保工作。

问题与思考：

（1）海洋运输保险金额与保险费是如何计算的？
（2）海洋运输保险的险种有哪些？
（3）如何办理海洋运输货物投保业务？如何填制保险单？
（4）保险代理员应该具备的职业素养是什么？

知识探究

一 海洋运输保险金额与保险费

保险金额，也称投保金额，是指被保险人向保险公司投保的金额，也是保险公司承担的最高赔偿金额，还是计算保险费的基础。按照国际保险市场的习惯做法，出口货物的保险金额一般按CIF价或CIP价再加上一定的百分率。此项保险加成率，主要是作为买方的预期利润。按国际贸易惯例，预期利润一般按CIF价的10％估算，因此，如果买卖合同中未规定保险金额时，习惯上是按CIF价或CIP价的110％投保。

保险金额的计算公式是：

保险金额＝CIF货值×（1＋加成率）

保险费是被保险人向保险人缴纳的费用。保险费率是指保险公司根据一定时期、不同种类的货物的赔付率，按不同险别和目的地确定的。保险费根据保险费率表按保险金额计算。

保险费的计算公式是：

保险费＝保险金额×保险费率

二 海洋运输保险主要险种

在国际货物买卖业务中，海上保险是一个不可缺少的条件和环节。其中业务量最大、涉及面最广的海上保险是海洋运输货物保险。海洋运输货物保险条款所承保的险别分为基本险别和附加险别两类。

基本险别有平安险、水渍险和一切险三种，附加险别是基本险别责任的扩大和补充，它不能单独投保。附加险别有一般附加险、特别附加险和特殊附加险。海洋运输保险种类如图 7－12 所示。

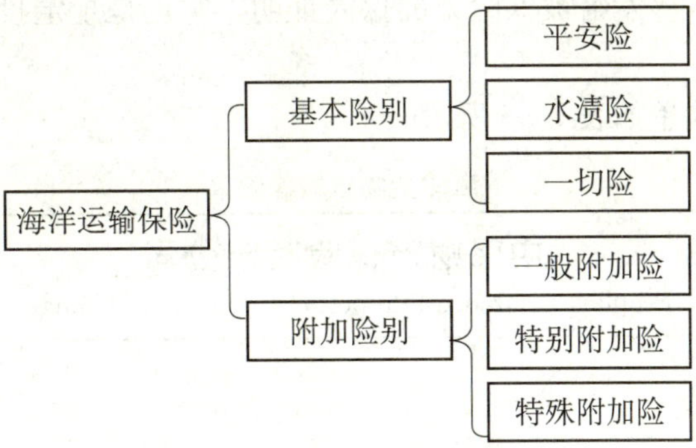

图 7－12　海洋运输保险种类

各险种的责任范围如图 7－13 所示。

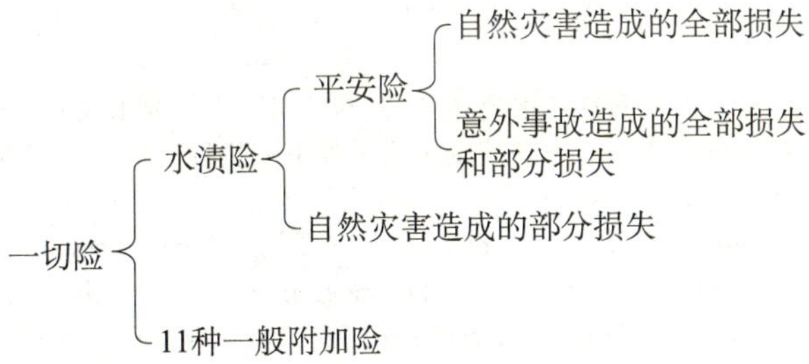

图 7－13　海洋运输保险责任范围比较

三　保险代理员工作流程

按照国际惯例，在 CIF 术语成交的情况下，国际货运保险由卖方投保，因此货代保险代理人员在货物离港之前要及时到保险公司为货物办理国际货运保险。

保险代理员的工作流程如图 7－14 所示。

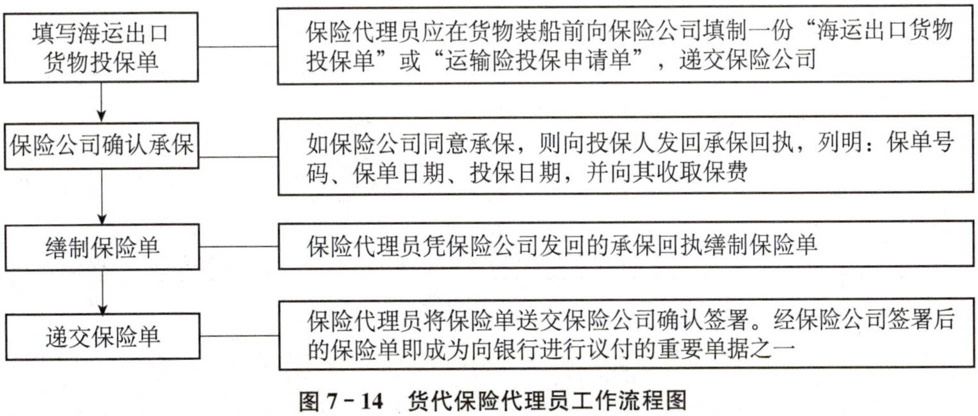

图 7－14　货代保险代理员工作流程图

四 保险代理员工作相关单证

保险单是由保险人签发给被保险人的保险证明，它也是规定投/承保双方权利和义务的合同。

海洋货物运输保险单如表 7－9 所示。

表 7－9　海洋货物运输保险单

<table>
<tr><td colspan="6">中保财产保险有限公司
The People's Insurance (Property) Company of China，Ltd.</td></tr>
<tr><td>发票号码
Invoice No.</td><td colspan="2"></td><td colspan="2">保险单号次
Policy No.</td><td></td></tr>
<tr><td colspan="6">海 洋 货 物 运 输 保 险 单
MARINE CARGO TRANSPORTATION INSURANCE POLICY</td></tr>
<tr><td>被保险人：
Insured：</td><td colspan="5"></td></tr>
<tr><td colspan="6">中保财产保险有限公司（以下简称“本公司”）根据被保险人的要求及其所缴付约定的保险费，按照本保险单承担险别和背面所载条款与下列特别条款承保下列货物运输，特签发本保险单。
This policy of Insurance witnesses that the People's Insurance (Property) Company of China，Ltd. (hereinafter called “The Company”)，at the request of the Insured and in consideration of the agreed premium paid by the Insured，undertakes to insure the under mentioned goods in transportation subject to conditions of the Policy as per the Clauses printed overleaf and other special clauses attached hereon.</td></tr>
<tr><td colspan="3">保险货物项目
Descriptions of Goods</td><td>包装
Packing</td><td>重量
Weight</td><td>保险金额
Amount Insured</td></tr>
<tr><td colspan="3"></td><td></td><td></td><td></td></tr>
<tr><td colspan="3">承保险别
Conditions</td><td colspan="3">货物标记
Marks of Goods</td></tr>
<tr><td colspan="3"></td><td colspan="3"></td></tr>
<tr><td colspan="2">总保险金额：
Total Amount Insured：</td><td colspan="4"></td></tr>
<tr><td>保费
Premium</td><td></td><td>装载运输工具
Per Conveyance S. S</td><td></td><td>开航日期
Slg. on or abt</td><td></td></tr>
<tr><td>起运港
Form</td><td colspan="2"></td><td>目的港
To</td><td colspan="2"></td></tr>
</table>

<table>
<tr><td colspan="5">所保货物，如发生本保险单项下可能引起索赔的损失或损坏，应立即通知本公司下述代理人查勘。如有索赔，应向本公司提交保险单正本（本保险单共有____份正本）及有关文件。如一份正本已用于索赔，其余正本则自动失效。
In the event of loss or damage which may result in acclaim under this Policy, immediate notice must be given to the Company's Agent as mentioned here under. Claims, if any, one of the Original Policy which has been issued in ________ original (s) together with the relevant documents shall be surrendered to the Company. If one of the Original Policy has been accomplished, the others to be void.</td></tr>
<tr><td>赔款偿付地点
Claim Payable at</td><td colspan="3"></td><td></td></tr>
<tr><td>日期
Date</td><td></td><td>在
At</td><td></td><td></td></tr>
<tr><td>地址
Address</td><td colspan="3"></td><td></td></tr>
</table>

实训任务单

实训名称	海运出口货物投保业务

实训任务

学习完“知识探究”内容后，请各小组分角色，以上海E货代公司海运部保险代理员邓凯的身份完成该批货物的海洋运输货物投保工作。

实训要求

（1）能完成对海运出口货物的投保工作，相关单据填制规范、正确。
（2）角色安排合理，团队合作，小组成员积极参与。

实训流程（步骤）

（1）为货物选择合适的投保险种。
（2）计算保险金额与保险费。
（3）填制海运出口保险单，向保险公司投保。
（4）其他组对该实训小组的作业进行评价打分。

实训评价

表7-10　　实训评价表

序号	检查项目及评价标准	分值	得分	备注
（1）	投保流程清晰。	20		
（2）	保险险种选择合理。	20		
（3）	保险金额与保险费计算正确。	30		
（4）	保险单填制规范。	30		

教师评语：   教师签字： 年 月 日
实训体会：   学生签字： 年 月 日

拓展任务

登录网站：在保险网购新一站（https：//www.xyz.cn/）输入苏州 ABC 公司货物信息，进行海洋货物运输保险在线报价查询。

资料链接

国际货物运输保险专题学习：登录网址 http：//www.baoyuntong.com/Activities/2-1-2.html，学习国际货物运输保险涉及的损失、货物运输保险险别、承保范围、除外责任等。

技能训练五 运输调度员岗位实训

教学准备

（1）多媒体课件。
（2）集装箱模型。
（3）集装箱码头布局沙盘。
（4）运输调度员相关单据。

任务驱动

苏州 ABC 公司与美国 F 公司成交大米一批，苏州 ABC 公司将该批出口货物全权委托给上海E货代公司代为办理出口业务。货代运输调度员需要做好集装箱运输车辆调度的全面工作，随时掌握集装箱的车辆配载情况，掌握好集装箱空箱的出场和重箱的入场、装船等情况，并做好相关单据的签收与换取等工作。

请上海E货代公司海运部运输调度员完成对货主苏州ABC公司这批货物的运输调度工作。

问题与思考：

（1）如何正确提取集装箱？

（2）集装箱码头的基本布局是怎样的？

（3）如何换取海运提单？

（4）运输调度员应该具备的职业素养是什么？

知识探究

一　集装箱箱号及类型代码

集装箱箱号由箱主代号、顺序号、核对数字三部分组成。图7-15中的“UESU5227280”“APRU5072313”即为集装箱箱号。

图7-15　集装箱标志实图

（1）箱主代号。国际标准化组织规定，箱主代号由四个大写的拉丁文字母表示，前三位由箱主自己规定，第四个字母一律用U表示。如：“UESU”“APRU”。

（2）顺序号，又称箱号，由6位阿拉伯字母组成。如有效数字不是6位时，则在有效数字前用“0”补足6位。如上述箱主代号中的“522728”“507231”。

（3）核对数字。核对数字是用来核对箱主代号和顺序号记录是否准确的依据。它位于箱号后，以一位阿拉伯数字加一个方框表示。如上述箱主代号中的尾数“0”“3”。

集装箱尺寸及类型代号由4个阿拉伯数字组成，如“45G1”“45R1”，前两个数字“45”为尺寸代号，其中第1个数字表示集装箱的长度，第2个数字表示集装箱的高度和有无鹅颈槽，单数为有，双数为无；后两个数字“G1”“R1”为类型代号。

二 集装箱码头布局

集装箱码头是以高度机械化和大规模生产方式作业的，要求有很高的生产作业效率。集装箱码头要以船舶作业为核心进行布局，将码头与船舶连接成一个有机整体，从而实现高效的、有条不紊的连续作业。

集装箱码头的标准布局见图 7－16。

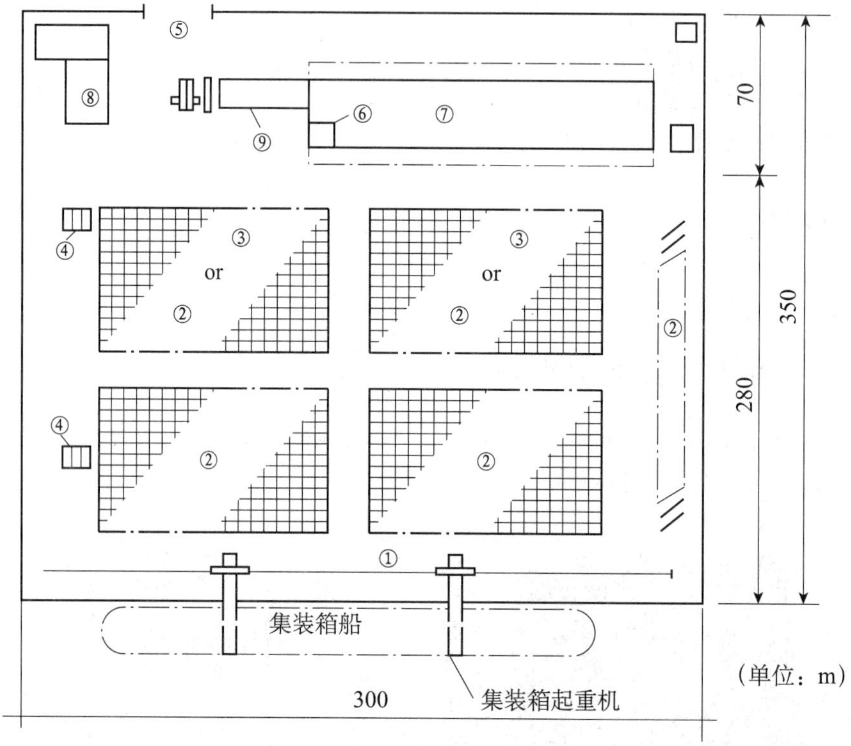

图 7－16　集装箱码头的标准布局

注：①码头前沿；②编排场；③集装箱堆场；④调头区；⑤大门；⑥控制塔；⑦拆、拼箱库；⑧维修车间；⑨办公楼。

图 7－17 为连云港集装箱码头实景。

图 7－17　连云港集装箱码头

（一）泊位

泊位是指在码头内供船舶停靠的岸壁线与对应水域构成的区域。全集装箱船舶专用码头泊位的长度一般为 300 米以上，泊位水深在 12 米以上。

（二）码头前沿

码头前沿是指沿码头岸壁到集装箱堆场之间的距离；集装箱码头前沿宽度一般为 30～60 米；码头前沿有集装箱桥吊，桥吊轨道，高、低压电箱，船用电话接口，起重机电缆沟等。

（三）码头堆场

码头堆场分为前方堆场和后方堆场。

前方堆场（集装箱编排场）主要堆放刚刚进港船舶卸下的集装箱和即将装船出港的集装箱。其作用是：当集装箱船到港前，有计划、有次序地按积载要求将出口集装箱整齐地集中堆放，卸船时将进口集装箱暂时堆放在码头前方，以加速船舶的装卸作业。

后方堆场（集装箱堆场）是交接集装箱，保管空箱、重箱的场所，包括中转箱堆场、进/出口重箱堆场、空箱堆场、冷藏箱及危险品箱堆场等。

在实际业务中，后方堆场与前方堆场并没有严格明显的分界线，仅仅是地理位置上的相对概念。

（四）集装箱货运站

集装箱货运站（有的设在码头之内，有的设在码头之外）是拼箱货装箱和拆箱的船、货双方办理交接的场所。集装箱货运站不是用于保管货物的场所。集装箱货运站可建于码头后方，侧面靠近码头外出公路或铁路的区域，从而保证陆运车辆直接进出货运站。

（五）控制塔

控制塔是集装箱码头各项作业的指挥调度中心，是码头作业的中枢机构。其位置往往设在能环视整个码头的地方，一般设在码头办公楼最高的楼层上。控制塔内配有通信设施和计算机网络系统，以便于有效地行使生产指挥的职能，掌握现场作业的情况。

（六）维修车间

维修车间是对集装箱和集装箱的装卸搬运设备进行检查、维修和保养的场所，它是使码头机械设备处于完好状态、提高码头装卸效率的重要保障。维修车间一般设在不影响码头作业的后方。

（七）大门

大门又称检查口（或称闸口），一般都在大门处设有地磅，用于集装箱内货物的计量。大门是集装箱和集装箱货物的交接点，也是区分集装箱码头与其他部门责任的分界点。在集装箱码头的大门处，须对进出港区的集装箱单证进行验查，并检查集装箱的箱号、封箱号以及集装箱的外表情况。

（八）办公楼

办公楼是码头行政、业务管理的大本营。

三 运输调度员工作流程

货代运输调度员需要做好集装箱运输车辆调度的全面工作，随时掌握集装箱的车辆配载情况，掌握好集装箱空箱的出场和重箱的入场、装船等情况，并做好相关单据的签收与换取等工作。调度员工作流程如图 7－18 所示。

提取空箱	运输调度员凭集装箱设备交接单（出场单）到堆场指定位置提取空箱
↓ 报装船计划	调度人员在报关报检手续办完后，要掌握船舶动态，及时了解装船信息，到船公司报装船计划
↓ 重箱回场	调度人员持集装箱设备交接单（进场单）、场站收据的第5~7联将重箱送入堆场，要求场站签发场站收据正本
↓ 换取提单	调度人员可以凭场站收据正本到船方签单部门换取海运提单，之后将海运提单等单据交货主，再由财务人员与货主结算相关费用

图 7－18　运输调度员工作流程图

四 运输调度员工作相关单证

（一）集装箱设备交接单

设备交接单（Equipment Interchange Receipt）是指集装箱所有人或租用人委托集装箱装卸区、中转站或内陆站与货方即用箱人或其代表之间交接集装箱及承运设备的凭证。设备交接单分为进场设备交接单和出场设备交接单两种。

集装箱设备交接单样表见表 7－11。

表 7－11　集装箱设备交接单

<table>
<tr><td colspan="5">上海中远国际货运有限公司</td><td rowspan="2">OUT 出场</td></tr>
<tr><td colspan="5">COSCO SHANGHAI INTERNATIONAL FREIGHT CO.，LTD.</td></tr>
<tr><td colspan="6">集装箱发放/设备交接单</td></tr>
<tr><td colspan="6">EQUIPMENT INTERCHANGE RECEIPT</td></tr>
<tr><td colspan="6">NO.</td></tr>
<tr><td colspan="3">用箱人/运箱人（Container user/Haulier）</td><td colspan="3">提箱地点（Place of delivery）</td></tr>
<tr><td colspan="3"></td><td colspan="3"></td></tr>
<tr><td colspan="2">发往地点（Delivered to）</td><td colspan="4">返回/收箱地点（Place of return）</td></tr>
<tr><td colspan="2"></td><td colspan="4"></td></tr>
<tr><td>船名/航次
（Vessel/Voyage NO.）</td><td>集装箱号
（Container NO.）</td><td colspan="2">尺寸/类型
（Size/Type）</td><td colspan="2">营运人
（CNTR. OPTR.）</td></tr>
<tr><td></td><td></td><td colspan="2"></td><td colspan="2"></td></tr>
</table>

提单号 (B/L NO.)	铅封号 (Seal NO.)	免费期限 (Free time period)	运载工具牌号 (Truck, Wagon, Barge NO.)
出场目的/状态 (PPS of gate-out/status)		进场目的/状态 (PPS of gate-in/status)	出场日期 (Time-out)
出场检查记录 (Inspection at the time of interchange)			
普通集装箱 (GP container)	冷藏集装箱 (RF container)	特种集装箱 (Special container)	发电机 (Gen set)
正常 (Sound) 异常 (Defective)	正常 (Sound) 异常 (Defective)	正常 (Sound) 异常 (Defective)	正常 (Sound) 异常 (Defective)

(二) 海运提单

海运提单 (Ocean Bill of Lading)，是承运人收到货物后出具的货物收据，也是承运人所签署的运输契约的证明，提单还代表所载货物的所有权，是一种具有物权特性的凭证。海运提单样表见表 7 - 12。

表 7 - 12　　海运提单

<table>
<tr><td colspan="4">1. Shipper Insert Name, Address and Phone</td><td rowspan="4">B/L NO.

中远集装箱运输有限公司
COSCO CONTAINER LINES
TLX: 33057 COSCO CN
FAX: +86 (021) 6545 8984
ORIGINAL</td></tr>
<tr><td colspan="4"></td></tr>
<tr><td colspan="4">2. Consignee Insert Name, Address and Phone</td></tr>
<tr><td colspan="4"></td></tr>
<tr><td colspan="4">3. Notify Party Insert Name, Address and Phone
(It is agreed that no responsibility shall attach to the Carrier or his agents for failure to notify)</td><td rowspan="8">Port-to-Port or Combined Transport
BILL OF LADING
RECEIVED in external apparent good order and condition except as otherwise noted. The total number of packages or unites stuffed in the container.
The description of the goods and the weights shown in this Bill of Lading are Furnished by the Merchants, and which the carrier has no reasonable means of checking and is not a part of this Bill of Lading contract. The carrier has Issued the number of Bills of Lading stated below, all of this tenor and date, one of the original Bills of Lading must be surrendered and endorsed or signed against the delivery of the shipment and whereupon any other original Bills of Lading shall be void. The Merchants agree to be bound by the terms and conditions of this Bill of Lading as if each had personally signed this Bill of Lading.
SEE clause 4 on the back of this Bill of Lading (Terms continued on the back Hereof, please read carefully).
* Applicable Only When Document Used as a Combined Transport Bill of Lading.</td></tr>
<tr><td colspan="4"></td></tr>
<tr><td colspan="2">4. Combined Transport*</td><td colspan="2">5. Combined Transport*</td></tr>
<tr><td>Pre-carriage by</td><td></td><td>Place of Receipt</td><td></td></tr>
<tr><td colspan="2">6. Ocean Vessel Voy. No.</td><td colspan="2">7. Port of Loading</td></tr>
<tr><td colspan="2"></td><td colspan="2"></td></tr>
<tr><td colspan="2">8. Port of Discharge</td><td colspan="2">9. Combined Transport*</td></tr>
<tr><td colspan="2"></td><td>Place of Delivery</td><td></td></tr>
</table>

Marks & No. Container / Seal No.	No. of Containers or Packages	Description of Goods (If Dangerous Goods, See Clause 20)	Gross Weight Kgs	Measurement
		Description of Contents for Shipper's Use Only (Not part of This B/L Contract)		
10. Total Number of containers and/or packages (in words)				
Subject to Clause 7 Limitation				

11. Freight & Charges	Revenue Tons	Rate	Per	Prepaid	Collect
Declared Value Charge					

Ex. Rate:	Prepaid at	Payable at	Place and date of issue
	Total Prepaid	No. of Original B (s) /L	Signed for the Carrier, COSCO CONTAINER LINES

LADEN ON BOARD THE VESSEL			
DATE		BY	

实训任务单

实训名称	货代运输调度业务
实训任务	
学习完"知识探究"内容后，请各小组分角色，以上海E货代公司海运部运输调度员陈斌的身份完成对货主苏州ABC公司这批货物的运输调度工作。	
实训要求	
(1) 能完成对海运出口货物的运输调度相关工作，相关单据填制规范、正确。 (2) 角色安排合理，团队合作，小组成员积极参与。	
实训流程（步骤）	
(1) 填制集装箱设备交接单（出场单），到码头指定位置提取空箱。 (2) 持集装箱设备交接单（进场单）将重箱回场。 (3) 凭场站收据正本换取海运提单。 (4) 其他组对该实训小组的作业进行评价打分。	

实训评价

表 7-13　实训评价表

序号	检查项目及评价标准	分值	得分	备注
(1)	运输调度工作流程清晰。	30		
(2)	集装箱设备交接单填制规范。	30		
(3)	能正确解读海运提单。	40		

教师评语：

教师签字：

年　　月　　日

实训体会：

学生签字：

年　　月　　日

拓展任务

利用书籍或网络查询集装箱核对数字的意义及计算方法。

资料链接

观看视频“天津港集装箱码头”（http：//www.iqiyi.com/w_19rt9c5m9l.html?fromvsogou：1），熟悉港口装卸作业。

项目八

物流信息岗位实训

职业要求

《物流员国家职业标准》指出，物流从业人员要具有从事仓储作业组织和管理的基本职业能力，能够编制仓储与配送作业计划，能够编制仓储合同，能够熟练地使用办公软件完成物流作业。

任务导读

- 信息员岗位实训
  - 信息员岗位概述及岗位职责
  - 信息员的工作内容
  - 数据分析
  - 信息员岗位技能要求
- WMS系统实训
  - WMS概述
  - WMS在库存管理中的作用
  - WMS的硬件架构图
  - 常见的WMS软件

学习目标

知识目标：了解信息员日常工作职责以及需要制作和打印的单据；掌握WMS的作用及硬件架构。

能力目标：作为物流信息工作人员，能够熟练使用Excel进行数据分析；能够使用办公软件制作物流常用的工作表单；能够使用WMS系统完成物流作业。

技能训练一　信息员岗位实训

教学准备

（1）多媒体课件、视频、投影仪。
（2）电脑、网络。
（3）纸和笔。

任务驱动

在电脑上安装金山打字通，进行打字训练。

问题与思考：

（1）和其他同学对比一下，看看自己打字快还是慢。
（2）练习打字和信息员有什么关系？
（3）信息员应具备哪些素质？

知识探究

一　信息员岗位概述

信息员是指为物流中心及时收集、处理相关信息的人员。信息员是整个物流中心最重要的岗位之一。

信息员的工作职责包括以下几个方面：

（1）操作 WMS 制作、打印各类单据。
（2）整理、分发、归档各类单据。
（3）进行仓储、配送等活动的数据汇总及分析。
（4）向主管提供各类报表。
（5）对 WMS 的使用提出良好的建议。

二　信息员的工作内容

信息员的具体工作包括以下内容：

（1）通过 WMS 接收采购信息，制作“预入库单”并交给验收员。
（2）接收验收员的“验收入库单”，并打印“入库上架单”给保管员。

（3）打印“整仓单”，制作“盘点表”。

（4）定时收取订单，并操作 WMS 制作“拣货单”。

（5）拣货完毕之后，接收拣货员上交的“拣货单”，并制作“出库单”后交予复核员。

（6）打印相关商品的送货单。

三 数据分析

数据分析遵循以下步骤：

（1）打开桌面上“数据透视练习 1. xls”的文件，并使用数据透视表来分析“开发部”所有员工的年薪。

（2）选择数据区域中的任意一个单元格，选择“插入”选项卡，选择“数据透视表”按钮，在弹出的菜单中选择“数据透视表”命令（见图 8－1）。

图 8－1

（3）如图 8－2 所示，打开“创建数据透视表”对话框，选中“选择一个表或区域”单选按钮，“表/区域”文本框中会自动填入所选中的单元格所属的数据区域。在“选择放置数据透视表的位置”选项组内选中“新工作表”按钮，点击“确定”按钮后，出现如图 8－3 所示的界面。

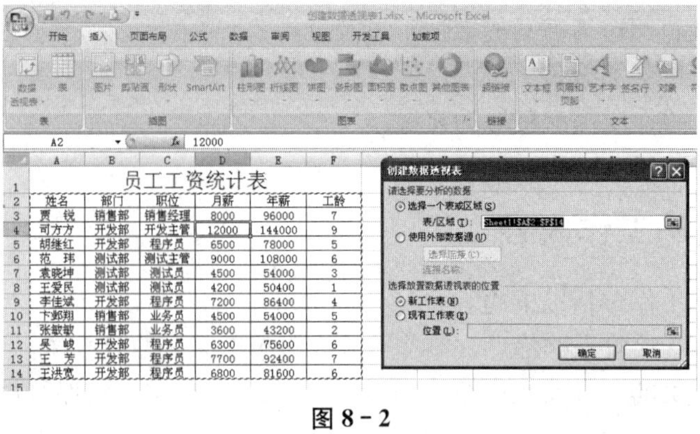

图 8－2

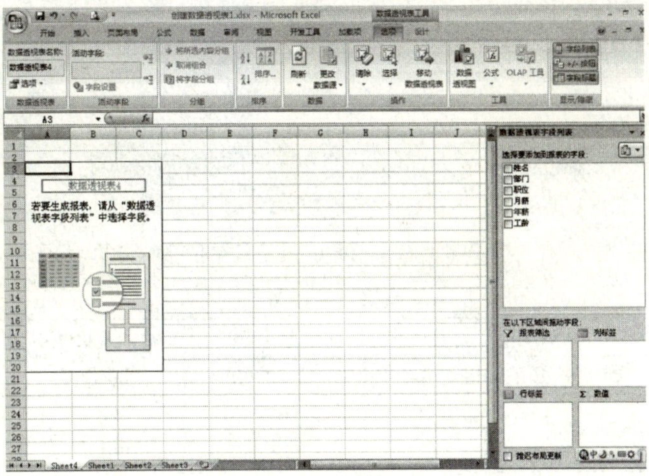

图 8－3

（4）从“选择要添加到报表的字段”列表框中，将“部门”拖到“报表筛选”框中；将“姓名”拖到“行标签”框中；将“年薪”拖到“数值”框中，即可得到所要的数据分析结果（见图 8－4）。

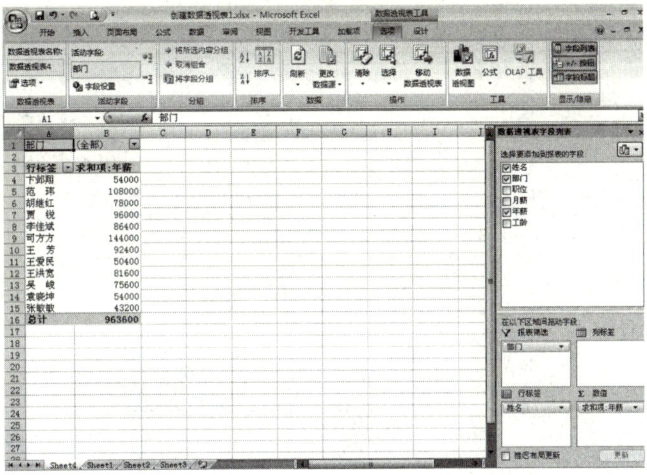

图 8－4

四　信息员岗位技能要求

信息员的岗位技能要求如下：

（1）能熟练使用办公软件（如 Word、Excel 等）。

（2）熟悉整个物流企业作业流程。

（3）会使用办公软件进行简单的数据分析。

（4）有较快的打字速度。

（5）会处理电脑、打印机等设备的小故障。

实训任务单

实训名称	货代运输调度业务

实训任务

使用数据透视表来分析所有美国员工的订单信息。员工订单信息统计见表8-1。

表8-1　员工订单信息表

国家/地区	销售人员	订单金额	订单日期	订单 ID
英国	Buchanan	440.00	2003/7/16	10248
英国	Suyama	1 863.40	2003/7/10	10249
美国	Peacock	1 552.60	2003/7/12	10250
美国	Leverling	654.06	2003/7/15	10251
美国	Peacock	3 597.90	2003/7/11	10252
美国	Leverling	1 444.80	2003/7/16	10253
英国	Buchanan	556.62	2003/7/23	10254
英国	Dodsworth	2 490.50	2003/7/15	10255
美国	Leverling	517.80	2003/7/17	10256
美国	Peacock	1 119.90	2003/7/22	10257
美国	Davolio	1 614.88	2003/7/23	10258
美国	Peacock	100.80	2003/7/25	10259
美国	Peacock	1 504.65	2003/7/29	10260
美国	Peacock	448.00	2003/7/30	10261
美国	Callahan	584.00	2003/7/25	10262
英国	Dodsworth	1 873.80	2003/7/31	10263
英国	Suyama	695.62	2003/8/23	10264
美国	Fuller	1 176.00	2003/8/12	10265
美国	Leverling	346.56	2003/7/31	10266

实训要求

(1) 实训时间为15分钟。

(2) 老师讲解完毕后，由学生独立完成训练。

实训流程（步骤）

请打开员工订单信息统计表，根据所学内容来分析所有美国员工的订单信息。

实训评价

表8-2　实训评价表

序号	检查项目及评价标准	扣分	得分	备注
(1)	数据分析操作正确。	40		
(2)	数据分析结果正确。	60		

教师评语： 教师签字： 年　　月　　日
实训体会： 学生签字： 年　　月　　日

拓展任务

练好打字不是一朝一夕的事情，希望同学们平时多加练习，熟悉键盘，练好打字；利用 Excel 分析数据，掌握其功能。

资料链接

使用金山打字通进行打字训练。

技能训练二　WMS 系统实训

教学准备

（1）多媒体教学课件、物流实训室。
（2）电脑、网络、笔和纸。
（3）物流设备（液压车、纸箱、托盘等）。

任务驱动

角色扮演：请按小组进行进出库项目实操流程演练，该演练首先由组长分配角色，如信息员、保管员、验收员等。

问题与思考：

（1）自己扮演的角色需要做什么？
（2）自己扮演的角色要怎么和别人配合？

知识探究

一 WMS 概述

仓储管理系统（Warehouse Management System）是指用来管理仓库内商品信息的软件系统。从某种意义上讲，仓储管理在物流管理中占据着核心的地位。WMS 在库存管理中的作用有以下几点：

（1）库存信息的共享。

（2）储位的选取以及补货计划。

（3）与条码技术的结合大大提高了作业速度，减少了人为出错的概率。

（4）配合 RF 可实现无纸化操作，减少纸张的浪费。

（5）可以与 ERP 系统无缝连接。

（6）方便查找各种当前和历史信息。

二 WMS 的硬件架构图

WMS 的硬件架构见图 8－5。

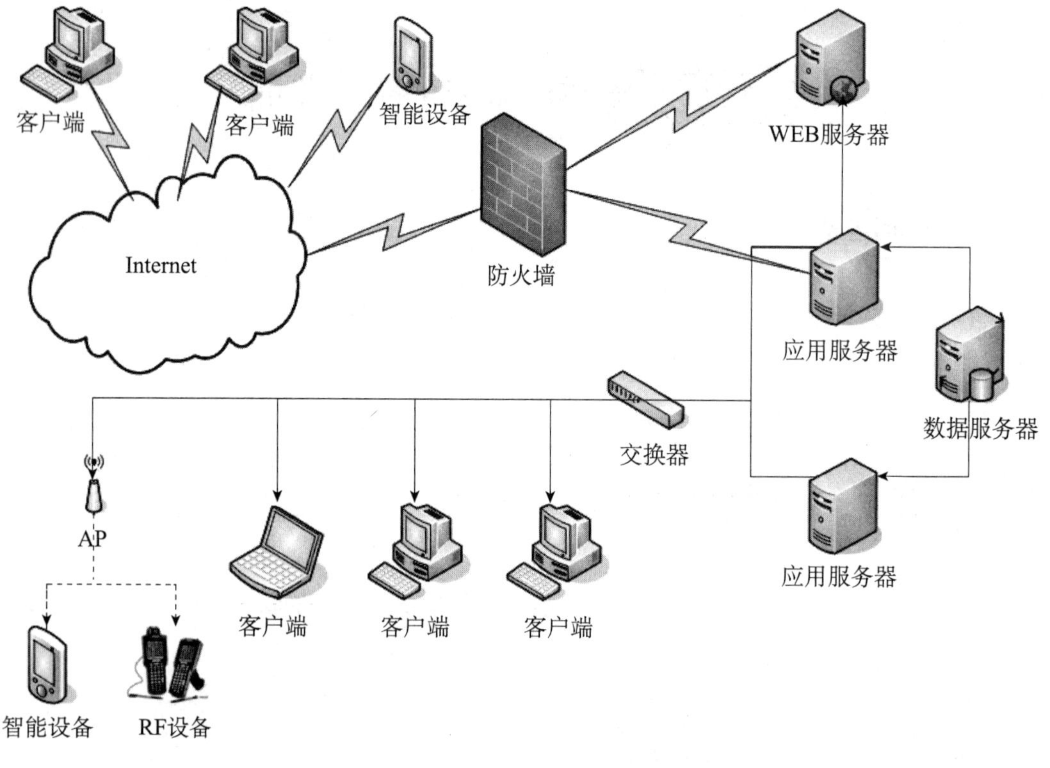

图 8－5　WMS 的硬件架构

三　常见的 WMS 软件

（1）Manhattan（曼哈顿）。
（2）INFOR。
（3）Red Prairie（红色草原）。
（4）FLU（富勒）。
（5）唯智科技。

实训任务单

实训名称	仓储进出库综合实训
实训任务	
按照入库单进行验收上架，按照出库单进行拣选、复核、合流，最后出库。	
实训要求	
（1）实训时间为 25 分钟，超过 25 分钟的不予计分。 （2）实训过程中，组长负责记录选手的错误原因和错误次数。 （3）一组选手实训结束后，下一组选手接着进行比赛。	
实训流程（步骤）	
（1）实训者到老师处领取“采购单”和“订单”，然后到进货暂存区就位。 （2）老师宣布实训开始并计时。 （3）信息员依据“采购单”输入并审核采购单信息，生成入库信息，打印采购单交给验收员。 （4）验收员使用 RF 验收进货暂存区的货品。 （5）信息员在入库验收模块审核验收数据。 （6）入库员使用 RF 扫描验收的货品。 （7）入库员根据 RF 的提示上架到指定储位。 （8）信息员依据“订单”输入与审核订单信息。 （9）信息员依据委托方生成拣货数据。 （10）信息员打印整箱拣货单和拆零拣货单交给拣货员。 （11）拣货员选择合适的搬运设备（液压托盘车、笼车、物流箱）到拣货区拣货。 （12）整箱拣货员根据整箱拣货单到指定的储位拣货。 （13）拆零拣货员根据 CAPS 标签显示信息进行拣货。 （14）整箱拣货员把已拣货品搬运至整箱复核区。 （15）拆零拣货员把已拣货品搬运至拆零复核区。 （16）整箱拣货员复核货品，复核无误后在整箱拣货单上签名，并把货品搬运至出货合流区指定位置。 （17）拆零拣货员复核货品，复核无误后在拆零拣货单上签名，并把货品搬运至出货合流区指定位置。 （18）搬运设备归位，单据交给老师（采购单、订单和拣货单），老师停止计时。	

实训评价

表 8-3 **实训评价表**

序号	检查项目及评价标准	分值	得分	备注
(1)	操作过程规范。	50		
(2)	操作时间。	50		

教师评语：

教师签字：
年　　月　　日

实训体会：

学生签字：
年　　月　　日

拓展任务

每组训练时记录比赛时间和操作失误次数，小组间互相评价。

资料链接

请同学们在网络上搜索还有没有其他的仓储管理软件。

项目九
物流企业面试实训

职业要求

《物流员国家职业标准》指出，物流从业人员要在遵守纪律、待人接物等方面具备基本的知识，同时要忠于职守、诚信待人、团结协作、顾全大局、爱岗敬业、遵纪守法、钻研业务、讲究效率、保守秘密、保证安全、勇于开拓、善于创新。

任务导读

- 企业管理制度
  - 企业管理制度的内涵
  - 考勤制度
  - 加班制度
  - 奖惩制度
  - 薪酬制度
  - 员工行为规范
- 撰写求职简历
  - 简历的内涵
  - 简历撰写的原则与要求
- 企业求职面试
  - 面试的内涵
  - 面试过程中的注意事项
  - 面试中的忌讳

学习目标

知识目标：了解企业管理制度、考勤制度、加班制度、奖惩制度、薪酬制度、员工行为规范的内容；熟悉求职简历的基本内容，了解撰写个人求职简历的原则与注意事项；掌握企业求职的面试技巧。

能力目标：能够建立企业管理制度的框架，能够撰写一份有特色的简历，能够模拟完成企业面试。

技能训练一 了解企业管理制度

教学准备

（1）分组教学的实训室、多媒体教学系统。

（2）某物流企业的员工手册。

任务驱动

速达物流公司是一家刚成立一年的物流企业，张小刚通过公司招聘担任了总经理，上任伊始便到各部门了解情况。经过几天的调研，张经理发现了很多问题：

（1）仓库异常繁忙，搬运车来来往往，但货物的运送比较混乱，有的货物还没装好，车子就启动了，造成了货物跌落。

（2）货物进出仓库登记没有标准表单，时有错漏。

（3）各种信息收集、整理、分析、传递不科学，想要的没有，不想要的一大堆。

（4）运输安排的车辆时常有装不满的情形，空载率非常高，原因是业务部和运输部都没有对信息进行综合整理分析，运输部也没有根据运输需要将运送的商品、送货路线、车辆类型作优化配置，造成了极大浪费。

（5）员工没有统一的工作服和工作牌，在办公室和作业现场根本不知道谁是员工、谁是客户、谁是闲杂人员。

（6）上午8：00上班，可有的员工8：10才来，有的还带早餐到办公室和作业现场，大家司空见惯。

张经理觉得，先不要空谈什么宏大目标了，如果不系统地构建好企业管理制度，后面的工作将无从谈起。

问题与思考：

（1）物流企业管理制度包含哪些内容？

（2）企业考勤制度主要有哪些？

（3）如何完善企业的奖惩制度？

（4）如何完善企业的薪酬制度？

（5）如何规范员工的行为？

知识探究

一 企业管理制度概述

企业管理制度是企业为求得最大效益，在生产管理实践活动中指定各种带有强制性义务，并能保障一定权利的各项规定或条例。俗话说，10个人的管理靠魅力；100个人的管理靠制度；10 000个人的管理靠文化。制度就是铁轨，保证畅行，惩罚出轨。

企业依法制定规章制度是企业内部“立法”，是企业规范运作的重要方式之一。企业规章制度一般包括考勤制度、加班制度、奖罚制度、薪酬制度、员工行为规范等。

二 企业考勤制度

（一）法定节假日

法定节假日是指根据各国、各民族的风俗习惯或纪念要求，由国家法律统一规定的、用以进行庆祝及度假的休息时间。

我国现行的法定节假日包括：元旦，放假1天（1月1日）；春节，放假3天（农历除夕、正月初一、初二）；清明节，放假1天（农历清明当日）；劳动节，放假1天（5月1日）；端午节，放假1天（农历端午当日）；中秋节，放假1天（农历中秋当日）；国庆节，放假3天（10月1日、2日、3日）。

（二）病假

员工本人确实因病不能正常上班者，须主管领导批准，报行政部备案。连续请病假超过3个工作日者，必须取得医院开具的休假证明。病假期间工资标准如下：

（1）连续工龄不满2年的，按本人工资的60%计发。

（2）连续工龄满2年不满4年的，按本人工资70%计发。

（3）连续工龄满4年不满6年的，按本人工资的80%计发。

（4）连续工龄满6年不满8年的，按本人工资的90%计发。

（5）连续工龄满8年及以上的，按本人工资的100%计发。

（三）事假

员工因合理原因需要请事假的，须提前1天书面申请，如实说明原因，经主管领导同意后方可休假，否则按旷工处理。

事假按照日标准工资100%扣除。工作时间如有私人紧急事务需要离岗处理的，按照事假的规定向主管领导请假，违反规定者以旷工计罚。

（四）年假

根据《职工带薪年休假条例》的有关规定，年假天数的计算以在本公司工作的年限为准，职工累计工作已满1年不满10年的，年休假5天；已满10年不满20年的，年休假10天；已满20年的，年休假15天。国家法定休假日、休息日不计入年休假的假期。休年假应提前向公司提出申请，经审批后方可休假。

（五）婚假

（1）按法定结婚年龄（女20周岁，男22周岁）结婚的，可享受3天婚假。

（2）结婚时男女双方不在一地工作的，可视路程远近，另给予路程假。

（3）在探亲假（探父母）期间结婚的，不另给假期。

（4）婚假包括公休假和法定假。

（六）丧假

员工供养的直系亲属死亡的，可办理丧假，员工的父母或配偶去世，可休假3天；员工的子女以及在一起居住的祖父母、岳父母、公婆去世的，可休假2天。丧假期间工资的发放依据国家有关规定执行。

（七）旷工

未经公司主管领导批准缺勤，或未按规定时间请假，或违反病、事假规定，或违反公司制度中其他有关规定等行为，均视为旷工。

（八）迟到、早退

早退是指在工作期间，还未到规定的休息或结束时间擅自离岗的行为。旷工是指在工作期间，没有得到约定或法定的许可，擅自不到岗位，或者超过约定或法定时间未到岗的行为。旷工是一个时间段，早退是一个现象。迟到是指没有在规定时间前到达，而是晚于规定时间到达。

三 加班制度

根据《劳动法》第41条的规定，用人单位延长工作时间（也就是加班）的，应与劳动者协商。

只有四种情况不得拒绝加班：（1）发生自然灾害、事故或因其他原因，使人民的安全健康和国家资财遭到严重威胁，需要紧急处理；（2）生产设备、交通运输线路、公共设施发生故障，影响生产和公众利益，须及时抢修；（3）须利用法定节日或公休假日的停产期间进行设备检修、保养；（4）为完成国防紧急任务，或完成上级在国家计划外安排的其他紧急生产任务，以及商业、供销企业在旺季完成收购、运输、加工农副产品紧急任务。除了上述四种情况外，单位要求员工加班，必须与员工协商。单位采取不正当手段要求员工加班的，员工可以拒绝。

《劳动法》规定：正常工作日安排劳动者延长工作时间的，支付不低于工资的150％的工资报酬；休息日安排劳动者工作又不能安排补休的，支付不低于工资的200％的工资报酬；法定休假日安排劳动者工作的，支付不低于工资的300％的工资报酬。

四　奖罚制度

（一）奖励制度

为了表扬先进，激励后进，提高员工工作积极性，用人单位一般会制定奖励制度。奖励方式分为精神奖励、物质奖励。

（二）惩罚制度

为了促进公司各项规章制度更好地执行，严肃工作纪律，用人单位一般会制定惩罚制度。常见的处罚方式有通报批评、一次性罚金、减薪、留用察看、辞退等。

五　薪酬制度

科学有效的激励机制能够让员工发挥出最佳的潜能，为企业创造更大的价值。激励的方法很多，但是薪酬是最重要的、最易使用的一种方法。在员工的心目中，薪酬不仅仅是自己的劳动所得，它在一定程度上代表着员工自身的价值，代表企业对员工工作的认同，甚至还代表着员工个人能力和发展前景。

（一）对岗位工资制度的评价

岗位工资有多种形式，包括岗位效益工资制、岗位薪点工资制、岗位等级工资制。它们的主要特点是对岗不对人。岗位工资制按照一定程序，严格划分岗位，按岗位确定工资；岗位工资在调动员工工作积极性方面的弹性不大，一旦员工认为岗位工资是他们理所当然得到的，认为他们为公司做出的贡献没有得到应有的回报，岗位工资就难以发挥应有的激励作用。因此必须做出相应的调整。

（二）对绩效工资制度的评价

绩效工资制度强调员工的工资调整取决于员工个人、部门及公司的绩效，以成果与贡献度为评价标准。绩效工资通过调节绩优与绩劣员工的收入，影响员工的心理行为，以刺激员工，从而达到发挥其潜力的目的。然而，由于影响绩效工资的因素很多，因而在使用过程中存在许多操作性困难。例如，绩效工资可能对员工产生负面影响、绩效工资的效果受外界诸多因素的制约、绩效工资的评判标准必须得到用人单位和员工双方的共同认可等，这些困难在一定程度上影响了绩效工资制度的有效实施，从而降低了它的激励效用。

（三）对混合工资制度的评价

混合工资制也称结构工资制，是指由几种职能不同的工资结构组成的工资制度。结构薪酬的设计吸收了岗位工资和绩效工资的优点，对不同工作人员进行科学分类，并加大了工资中“活”的部分，其各个工资单元分别对应体现劳动结构的不同形态和要素，因而较为全面地反映了按岗位、按技术、按劳分配的原则，对调动职工的积极性、促进企业生产经营的发展和经济效益的提高，在一定时期起到了积极的推动作用。

（四）对年薪制的评价

年薪制很早就在发达国家中被广泛应用，年薪制一般作为高层管理人员的计薪方式，是一种“完全责任制”薪资。从人力资源的角度看，年薪制是一种有效的激励措施，对提升绩效有很大作用。年薪制突破了薪资结构的常规，对高层管理人员来说，年薪制代表身份和地位，能够促进人才的建设，也可以提高年薪者的工作积极性。

六 员工行为规范

员工行为规范是员工在工作中应遵循的规则、准则的总称，是员工普遍接受的具有一般约束力的行为标准。

世界上没有哪两家公司的员工行为规范是一模一样的，因为其中融入了不同的企业文化。比较通用的员工行为规范包括：岗位规范、形象规范、语言规范、社交规范、会议规范、安全卫生环境规范、人际关系规范等。

实训任务单

实训名称	制定公司管理制度
实训任务	
学习完“知识探究”内容后，请你以速达物流公司张经理的身份制定一套公司管理制度来帮他解决困难，以小组为单位完成，之后请各组派代表上台演讲交流。	
实训要求	
（1）熟悉企业管理制度，能够根据管理制度的要求来制定某一具体企业的内部管理制度。 （2）角色安排合理，团队合作，小组成员积极参与。	
实训流程（步骤）	
（1）找出速达物流公司在管理中出现的问题，并将问题归类。 （2）根据企业管理制度的内容，找出速达物流公司管理方面存在问题的解决方案。 （3）将方案归纳总结，形成速达物流公司新的管理方案。 （4）成果汇报交流，并改进和完善。 （5）其他组对该实训小组的作业进行评价打分。	
实训评价	

表 9-1 实训评价表

序号	检查项目及评价标准	分值	得分	备注
（1）	提出问题、分析问题得当，逻辑性强。	30		
（2）	方案具有实用性和可操作性。	30		
（3）	汇报演讲时语言表达能力强。	40		

教师评语：   教师签字： 年　月　日
实训体会：   学生签字： 年　月　日

拓展任务

利用网络查询典型物流企业的管理制度，形成 PPT，进行汇报。

资料链接

登录“法律快车——劳动法”网站（http：//www.lawtime.cn/info/laodonghetong-fa/lunwen/2010113079016.html），学习公司制度中存在哪些法律风险？

技能训练二　撰写求职简历

教学准备

（1）多媒体教学系统。
（2）多份简历模板。

任务驱动

小静是某学校的应届毕业生，形象、气质、文笔皆佳，可是递了好几份简历，均石沉大海，没有一家单位通知她面试。她真是郁闷死了。为了散心，这一天小静约了几个朋友去郊外爬山，从山上下来，几个人又热又渴，驱车来到市场一老农的瓜摊前，老农看见她们就大声吆喝：“卖瓜啦！清凉爽口，解渴又降温。”小静心说：这话可真说进我们的心坎里了。于是买了两个大瓜坐在摊前吃起来。

这时一名中年男子带着三个小孩从瓜摊前走过，老农马上吆喝道：“卖瓜啦！香香的，甜甜的，有营养，味道好。”听到吆喝声，一个小孩停住不走了，冲着男子大声说：“爸爸，我要吃小甜瓜……”

一位老爷爷也凑了过来，老农接着吆喝道：“今年过节不收礼，收礼只收小甜瓜。”

又过了一会儿，来了一名女士，老农吆喝道：“小甜瓜，美容养颜，来一个吧！”不一会儿，老农的瓜卖掉了一大半，小静都看傻了，同样的一种瓜，在不同人的眼里，它是不一样的哟！小静若有所思……

回到家后，小静马上行动起来，她分别上网查询了先前投递过简历的公司的一些信息，又分别把简历根据公司的招聘信息改了改，重新投了出去，不久，小静相继接到了几家公司面试的电话。

问题与思考：

（1）什么是求职简历？

（2）求职简历撰写的基本内容有哪些？

（3）撰写个人求职简历的原则与注意事项是什么？

知识探究

一 求职简历

求职简历是求职者将自己与所申请职位紧密相关的个人信息经过分析整理并清晰简要地表述出来的书面求职资料，是一种应用写作文体。求职简历是招聘者在阅读求职者求职申请后对其产生兴趣进而决定是否给予面试机会的极重要的依据性材料。

求职简历的基本结构如下：

（1）个人信息。个人信息包括姓名、性别、地址、邮编、电话、电子信箱等内容。这项内容一般放在简历第一页的上部，以方便招聘者与自己联系。

（2）求职意向。求职意向指求职者希望从事的职位。此项可放置在第一项，也可放置在第二项。

（3）教育背景。教育背景指求职者的接受教育情况，如何时何校获何学历或者学位，一般把最高的学历或者学位放在最前面。

（4）工作经历。工作经历是指求职者的工作资历或经验，应该是与此申请职位相关的内容，可采取由近及远的顺序安排，也可采取将与所申请职位最相关的内容置前的顺序安排。

上述四大项内容是求职简历中必须具备的内容，其他内容如知识储备、具体技能、获得荣誉等均可酌情写入简历。

二 求职简历拟写的原则与要求

简历不是包罗万象，而是“对症下药”。在当下讲究定位的时代，求职者的简历也必须有明确的定位。求职者必须将自己的资历、所能创造的价值与招聘单位的需要结合起来，让招聘单位知道求职者是这项工作最为适合的人。不要忘记，招聘单位不是在寻找一个无所不能的人，而是在寻找一个最适合某一项特定工作的人，而简历就是求职者求得工作岗位的通行证。

根据统计，公司一般只花 60 秒钟左右的时间看一份个人简历，就决定要不要面谈此人，所以简历符不符合招聘条件最为重要，否则，求职者即使有再好的经历或学历，获得面试的机会都很难。

（一）拟写个人简历的前期准备

（1）了解自己。

（2）确定自己的职业方向。

（3）选择目标企业及职位。

（4）了解目标企业及职位的需求，了解市场行情。

（二）个人简历的拟写原则

（1）准确真实。求职者要如实列出姓名、性别、教育背景等基本信息，既给人以完整的印象，也表明自己的工作态度认真、规范，懂得商业礼仪。

（2）准确无误。求职者要确保所填写的手机、电话号码和 E-mail 真实有效。如果因为联系方式不正确，让用人单位联系不上自己而失去了一份好的工作机会，这对自己将是多么重大的损失啊！

（3）意向明确。求职者要根据自己的情况填写期望薪水、期望地点、期望行业、期望工作职位，让别人可以很好地了解自己的职业规划。

（4）详细清楚。教育经历和工作经历是求职者简历中的精华部分，一定要根据自己的真实情况填写详细、清楚，让人一目了然。

（5）技术特长。技术特长是用人单位极为关注的一个重要方面，因为用人单位可以据此更为全面地考察求职者的能力及其对所应聘职位的适应性。

（6）职位匹配。好的简历并没有固定的格式，不需要华丽的模板，但切记：拟写简历时要以目标职位与公司的要求为导向，尽可能地突出个人优势。

（三）拟写个人简历时的七不要

（1）拼写、语法错误。一般人可能都有写错字，或者使用词语不当的经历。不过，当你把简历寄出后，突然发觉有的措辞可能并不妥当，你一定后悔死了。事实上，出现错别字并不能否定你的教育背景，不过能够看出你是否是一个认真的人。

（2）职业目标不明确。如果你不清楚你所期望的职位间的区别，又怎么能够胜任你所申请的职位?

（3）太多个人特征。有的人习惯把自己的详细家庭地址、父母的信息、血型、生活照片等都放到简历中，这些其实都不是用人单位所关心的。

（4）包含个人兴趣、爱好。理由和上面的差不多。如果你描述的个人兴趣和爱好不涉及就业问题，就没有必要把它们写在简历上。

(5) 太多、过于详细的工作经历。首先，出于商业机密，你不应该在你的工作经历中写明参加的项目名称或更多细节。其次，人事经理更关心与你所申请职位有关的工作经历，而非你的所有工作经历。

(6) 过于吹捧自己。在简历中陈述个人的成就对申请职位是有帮助的，但是如果吹嘘得太过分，别人一眼就会看出来。

(7) 虚假信息。不要试图伪造证件或在简历中发布虚假的个人信息。诚实和守信是做人的基本原则，很多公司会去查你的个人信息，他们不会愿意雇用一个造假者。

实训任务单

实训名称	撰写个人求职简历

实训任务

撰写一份能展示自己特点、能够得到用人单位青睐的简历。

实训要求

(1) 能够撰写一份个性化的简历。
(2) 积极参与讨论和交流。

实训流程（步骤）

(1) 归纳自己的个人信息：准备好几个文件夹；整理出各种资料的证书、证件，并保存好原件，将复印件整理出若干份备用；个人信息要准确、无误。
(2) 设计符合个人特点的简历模板。
(3) 完成作品：撰写一份简历。
(4) 简历展示并与他人交流。

实训评价

表 9-2 实训评价表

序号	检查项目及评价标准	分值	得分	备注
(1)	封面设计具有吸引力。	30		
(2)	内容全面、丰富。	40		
(3)	展示汇报积极，语言表达力强。	30		

教师评语：

教师签字：
年 月 日

实训体会：

学生签字：
年 月 日

拓展任务

设计一份个性化的个人求职简历封面。

资料链接

查看智联招聘网上的简历模板档案库（http：//ts. zhaopin. com/zt/0117/index. html），学习如何写好一份专业化的、个性的求职简历。

技能训练三　物流企业面试

教学准备

（1）多媒体课件。
（2）面试场景布置。

任务驱动

小谭应聘某物流公司的文秘，面试地点被安排在公司的会议室，公司在告知小谭可以参加面试之后马上就挂断了电话。由于该公司在郊区，对于不是本地人的小谭来说，要从市区按时到达公司就是第一道面试题了。于是小谭开始收集该公司的一些信息，包括如何从住所到公司等信息。

由于提前了解了路线，小谭在公司规定的时间内顺利抵达指定面试地点，此时会议室里已经有两个面试人了。当小谭在面试表上签到之后，面试官说："你是唯一一个没有打电话问我们路线的同学，你被录取了！"之后，面试官也说明了录取理由：公司离市区的确有点远，但应聘者能自己一个人找到并提前到达面试现场，足以说明面试者对这次面试的重视，而作为一位文秘，有较强的思考能力和工作主动性是非常重要的。

讨论问题：这个故事给你在面试方面有什么启发？

问题与思考：

（1）面试的内涵是什么？
（2）面试过程中的注意事项与忌讳是什么？

知识探究

一 企业求职面试

求职面试是面试官和应试者之间的一种双向沟通过程，是公司挑选员工的一种重要方法。在面试过程中，应试者并不是完全处于被动状态。面试官可以通过观察和谈话来评价应试者，应试者也可以通过面试官的行为来判断面试官的价值判断标准、态度偏好、对自己面试表现的满意度等，并以此来调节自己在面试中的行为表现。同时，应试者也可借此机会了解自己应聘的单位、职位情况等，从而决定自己是否可以接受这一工作。

二 面试过程中的注意事项

（一）面试着装

正所谓“人靠衣装，佛靠金装”，一套得体的服装往往会给别人留下一个美好的印象，尤其是初次见面。面试中的着装反映了一个人的态度、个人卫生习惯和爱好等。建议男生穿深色西装、白色衬衫、黑色皮鞋，女生穿职业装。

（二）面试礼仪

（1）时间观念排第一。

（2）进入面试单位的第一形象。到了面试单位后，径直走向前台，不要四处张望；走进公司之前，口香糖和香烟都要收起来，因为大多数的面试官都无法忍受你在公司嚼口香糖或吸烟；手机坚决不要开，避免面试时造成尴尬局面，同时也分散你的精力，影响你的面试成绩。一进面试单位，若有前台，则开门见山说明来意，经引导到指定区域落座；若无前台，则找工作人员求助。这时要注意用语文明，开始的“你好”和被指导后的“谢谢”是必须要说的，这代表你的教养。

（3）等待面试时的表现不容忽视。到达面试地点后，应在等候室耐心等候，并保持安静及正确的坐姿。不要来回走动，也不要与别的应试者聊天。

（三）与面试官目光交流

面试一开始就要留心自己的身体语言，特别是自己的眼神。对面试官应全神贯注，目光始终聚焦在面试官身上。注意眼神的交流，这不仅是相互尊重的表示，也可以更好地获取一些信息，与面试官的动作达成默契。正确的眼神表达应该是：礼貌地正视对方，注视的部位最好是考官的鼻眼三角区（社交区）；目光平和而有神，专注而不呆板；如果有几个面试官在场，说话的时候要适当用目光扫视一下其他人，以示尊重；回答问题前，可以把视线投在对方背面的墙上，思考约两三秒钟，但思考的时间不宜过长，开口回答问题时，应该把视线收回来。

（四）心态要放松

（1）微笑。微笑是自信的第一步，也能为你消除紧张。面试时要面带微笑、谦虚虔诚、有问必答。面带微笑会增进你与面试官的沟通，会提高你的外部形象，改善你与面试官的关系。在听对方说话时，要时不时地点头，表示自己听明白了，或正在注意听。

（2）手势。说话时做些手势是很自然的，但手势太多会分散人的注意力。交谈很投机时，可适当地配合一些手势讲解，但不要频繁耸肩、手舞足蹈。有些求职者由于紧张，双手不知道该放哪儿，而有些人过于兴奋，在侃侃而谈时舞动双手，这些都不可取。

三 面试中的忌讳

（一）忌问招聘人数

最明显的就是问“你们要招几个人?”对用人单位来讲，招一个是招，招十个也是招，问题不在于招几个，而在于你有没有这百分之一或十分之一或独一无二的实力和竞争力。

（二）忌急问待遇

“你们的待遇怎么样?”“你们管吃住吗？电话费、车费报不报销?”有些应聘者一见面就急着问这些问题，这不但会让对方反感，而且会让对方产生“工作还没干就先提条件，何况我还没说要你呢”这样的想法。谈论报酬待遇是你的权利，这无可厚非，关键要看准时机。待遇问题一般应在双方已有初步意向时，再委婉地提出来。

（三）忌不合逻辑

面试的考官问：“请你告诉我你的一次失败的经历。”答曰：“我想不起我曾经失败过。”如果这样说，在逻辑上讲不通。又如考官问：“你有何优缺点?”答曰：“我可以胜任一切工作。”这也不符合实际。

（四）忌说有熟人

面试中急于套近乎，不顾忌地说“我认识你们单位的某某”“我和某某是同学，关系很不错”，等等。这种话面试官听了会反感。如果你说的那个人是他的顶头上司，面试官会觉得你是在以势压人；如果面试官与你所说的那个人关系不怎么好，甚至有矛盾，那么你这样说只能是自找没趣。

（五）忌超出范围

求职者忌问一些超出面试范围的问题。例如求职者的面试快要结束时，面试官问求职者：“请问你有什么问题要问我吗?”这位求职者欠了欠身子问道：“请问你们企业的规模有多大？你们未来5年的发展规划如何?”诸如此类的问题。这是求职者没有把自己的位置摆正，提出的问题已经超出了求职者应当提问的范围，容易使面试官产生不快。面试官甚至会想：哪有这么多的问题啊，你是来求职的呢？还是来调查情况的呢?

（六）忌不当反问

例如面试官问："关于工资，你的期望值是多少?"应聘者反问："你们打算出多少?"这样的反问就很不礼貌，好像是在谈判，很容易引起面试官的反感。

实训任务单

实训名称	求职面试
实训任务	
请每个小组的组长来扮演面试官，而组员们则扮演面试者。要求做到尽量模仿真实的面试场景。拿好自己的简历，穿上面试的衣服，沉着冷静地回答组长们提出的问题。	
实训要求	
（1）能够模拟企业的招聘面试过程。 （2）各小组成员积极参与。	
实训流程（步骤）	
（1）面试官做好面试准备。 （2）求职者做好面试前的准备。 （3）面试过程。 （4）交流心得。	
实训评价	

表 9-3　实训评价表

序号	检查项目及评价标准	分值	得分	备注
（1）	面试官表现。	30		
（2）	求职者的表现。	40		
（3）	交流心得的表现。	30		

教师评语：

教师签字：
年　　月　　日

实训体会：

学生签字：
年　　月　　日

拓展任务

登录中国教育在线网站（http：//www. eol. cn/html/c/mianshi/），查看并学习"常

见面试经典问题”的设问及回答提示，提升自己在求职面试中的应答能力。

知识链接

登录“尚西物流数据化运营的博客”（http：//blog. sina. com. cn/s/blog _ 756a45ca0100ux9n. html），学习交流物流行业面试的技巧。

参考文献

[1] 方芳．运输作业实务［M］．北京：中国人民大学出版社，2013.
[2] 李秀华．货代作业实务［M］．北京：机械工业出版社，2009.
[3] 宋栎楠．生产物流管理［M］．北京：中国物资出版社，2012.
[4] 姜晓敏．人际沟通与礼仪［M］．上海：华东师大出版社 2006.
[5] 陈桂芳．中职生就业指导［M］．北京：机械工业出版社 2013.
[6] 蓝仁昌．仓储与配送实务［M］．北京：中国物资出版社，2011.
[7] 蓝仁昌．物流岗位培训教材［M］．北京：中国物资出版社，2010.
[8] 田源．物流管理概论［M］．北京：机械工业出版社，2006.

附　　录

附录一　理论知识考核模拟题

物流员理论知识考核模拟试卷一

一、填空题（每空 1 分，共 20 分）

1. 在设计物流中心的出入口时，需要根据外部道路的分布情况来设计，一般出入口的宽度得有（　　）。

2. 物流中心作业区域内物流动线基本形式有三种，分别是（　　）、（　　）和 L 形。

3.（　　）是指用富于想象或相联系的事物来象征企业的经营理念、经营内容的艺术形象。

4. 车辆调度的方法包括（　　）和（　　）。

5. 拼装在一个车厢内的货物，其（　　）、（　　）不能互相抵触。

6. 调度员是物流中心储运部门作业人员，主要负责合理安排（　　）和（　　），以达到运力最优化。

7. 日常盘点包括（　　）和（　　）。

8. 验收员是仓储部门负责检验物流中心到货的（　　）与（　　）的作业人员。

9. 按照国际保险市场的习惯做法，出口货物的保险金额一般按（　　）再加上一定的百分率。

10. 报关指进出口货物的收发货人、进出境运输工具负责人、进出境物品的所有人或者他们的代理人向海关办理（　　）、（　　）、运输工具进出境手续及相关海关事务的全过程。

11. 一般情况下，出口货物应当在（　　）海关进行申报。

12. 准时生产方式的核心是追求一种（　　）的生产系统，或使库存达到（　　）的生产系统。

二、单项选择题（下列每题有 4 个选项，其中只有 1 个是正确的，请将其代号填在括号中；每题 2 分，共 20 分）

1. 反映管理者追求企业绩效的根据，是顾客、竞争者以及职工价值观与正确经营行为的确认，然后在此基础上形成企业基本设想与科技优势、发展方向、共同信念和企业追求目标的是（　　）。

A. 经营关系　　B. 经营理念　　C. 经营结构　　D. 企业文化

2.（　　）的基本作用，就是将资源从资源市场的供应者手中转移到用户手中的过程。

A. 物流　　B. 采购　　C. 搬运　　D. 仓储

3. 最常用的组织结构形式是（　　）。

A. 混合型　　B. 直线型　　C. 垂直型　　D. 扁长型

4.（　　）是受社会文化和社会道德影响的，应符合先进社会文化发展的要求，是促进企业健康发展的文化，还可以促进员工自身发展和福利的提高，给企业员工个体带来发展的机会和希望，因而具有很强的凝聚力、向心力、号召力和激发力。

A. 经营关系　　B. 经营理念　　C. 经营结构　　D. 企业文化

5. 以下不属于验收员岗位职责的是（　　）。

A. 指挥送货车辆停靠月台　　B. 指导或参与搬卸，将货品堆叠在托盘上

C. 对商品进行验收　　D. 对库存商品进行盘点

6. 不属于调度员工作评价指标的是（　　）。

A. 平均每车次配送吨公里数　　B. 空车率

C. 每吨千米配送成本　　D. 拣货错误率

7. 某公司出口大豆 500 吨，应选用（　　）进行装载运输。

A. 干货集装箱　　B. 散货集装箱　　C. 通风集装箱　　D. 台式集装箱

8. 船舶在固定的航线上和港口间按事先公布的船期表航行，从事客货运输业务并按事先公布的费率收取运费的运营方式是（　　）。

A. 班轮运输　　B. 公路运输　　C. 航空运输　　D. 管道运输

9. 狭义来说，公路运输即（　　）运输。

A. 汽车　　B. 拖拉机　　C. 畜力车　　D. 人力车

10. 汽车运输中，托运人一次托运货物的数量不足（　　）为零担货物。

A. 1 吨　　B. 2 吨　　C. 3 吨　　D. 5 吨

三、多项选择题（下列每题中的多个选项中，至少有 2 个是正确的，请将其代号填在括号中；每题 3 分，共 18 分）

1. 物流企业是指从事（　　），实行独立核算、独立承担民事责任的经济组织。

A. 仓储活动　　B. 运输活动　　C. 物流活动　　D. 物流配送

2. 保管员为货品指派储位应遵循的原则有（　　）。

A. 同一性　　B. 相似性　　C. 下重上轻　　D. 高近低远

E. 短近长远

3. 下列货物中，（　　）一般不能作为零担货物办理托运。

A. 危险货物　　B. 易破损货物　　C. 易污染货物　　D. 鲜活货物

4. 公路整车货物运输的特点有（　　）。

A. 货源相对单一　　B. 适合大宗货物

C. 运输差错小　　D. 运输组织工作较简单

E. 运费相对零担运输较低

5. 广义来说，公路货物运输是指利用一定的载运工具（ ）沿公路实现货物空间位移的过程。

A. 汽车　B. 拖拉机　C. 畜力车　D. 人力车

6. 下列货物中可以用普通干货箱装运的有（ ）。

A. 冷冻海产品　B. 医药品　C. 服装　D. 食品

四、判断题（每题 1 分，共 12 分）

1. 物流企业标识就其构成而言，可分为图形标识、文字标识两种。（ ）

2. 采购作业是依业务订单适时、适品、适量地采购，并跟踪采购进度，确保订购物料按时、按量、保质送达企业仓库，协调销售、生产的有效进行。（ ）

3. 调度派车是调度员根据运输任务安排车辆、司机、路线，并以口头或书面形式发出指令的过程。（ ）

4. 自动化拣货方式目前为大多数物流企业所采用。（ ）

5. 补货时要将新批次的货品放于货架前段，旧批次的货品放于后面，以方便先进先出。（ ）

6. 仓储验收员不需要熟悉日常验收货品的性能和特点。（ ）

7. 隔离贮存是指在同一建筑或同一区域内，用隔板或墙，将其与禁忌物料分离开的贮存方式。（ ）

8. 零担货物限时受理制是指在营业时间内，发货人均可随时将货物送到托运站办理托运。（ ）

9. 牛肉、奶制品等一般采用通风集装箱装运。（ ）

10. 租船运输有固定的装卸港口和船期。（ ）

11. JIT 生产方式有时也被称作看板生产方式。（ ）

12. 曼哈顿、红色草原、FLU 等都属于常见的 WMS 软件。（ ）

五、简答题（每题 10 分，共 30 分）

1. 请简述 SOP 的作用。

2. 请简述仓储验收员的岗位技能要求。

3. 请简述国际货代公司业务操作员岗位职责与工作内容。

模拟试卷一参考答案

一、填空题

1. 12m；　2. U 形、I 形；　3. 图形标识；　4. 电脑辅助调度、人工微调；　5. 化学属性、物理属性；　6. 配送线路、配送车辆；　7. 动态盘点、抽盘；　8. 质量、数量；　9. CIF 价；　10. 货物、物品；　11. 出境地；　12. 无库存、最小

二、单项选择题

1. B　2. B　3. B　4. D　5. D　6. D　7. B　8. A　9. A　10. C

三、多项选择题

1. AB　2. ABCDE　3. ABCD　4. ABCDE　5. ABCD　6. BD

四、判断题

1. ×　2. √　3. √　4. ×　5. ×　6. ×　7. ×　8. √　9. ×　10. ×　11. √　12. √

五、简答题

1. 答：SOP 的作用如下：

(1) 将企业积累下来的技术和经验记录在标准文件中，以免因技术人员的流动而使技术流失。

(2) 使操作人员经过短期培训，快速掌握较为先进、合理的操作技术。

(3) 根据作业标准，易于追查不良后果产生的原因。

(4) 树立良好的作业形象，获得客户的信赖与满意。

(5) 它是贯彻 ISO 精神核心（说、写、做一致）的具体体现，实现了管理规范化和作业流程条理化、标准化、形象化、简单化。

(6) 它是企业最基本、最有效的管理工具和技术数据。

2. 答：仓储验收员的岗位技能要求如下：

(1) 熟练使用办公软件（如 Word、Excel 等）。

(2) 熟悉企业收货流程。

(3) 熟练掌握托盘堆码技术。

(4) 熟悉日常验收货品的性能、特点。

(5) 会使用仓库设备，如叉车、托盘液压车、磅秤等。

(6) 能使用 RF 终端收货，并能排除简单的操作故障。

3. 答：货代业务操作员的岗位职责是：从货主处接单，审核货主提交的单据，然后为货主安排货物的国内运输及国际段运输（租船订舱）。具体操作如下：

(1) 接单、审单。业务操作员从货主手中接收货物的原始单据，如贸易合同、商业发票、装箱单等，并对货主提交的单据进行审核。

(2) 查询船期表、海运费报价。业务操作员为货主查询船公司的船期表以及船公司的报价，准备向船公司办理租船订舱。

(3) 租船订舱。业务操作员填写《订舱委托书》（或称《集装箱托运单》），及时向船公司租船订舱。

(4) 订舱信息反馈。订舱完成后，业务操作员须将有关订舱信息通知货主。

(5) 填写集装箱设备交接单。业务操作员要申请集装箱用箱，填写集装箱设备交接单后，交由运输调度员凭以到空箱堆场提取所需的集装箱空箱。

(6) 货物装箱，填写装箱单。调度员将空箱运到卖方货物所在仓库后，由业务操作员进行货物装箱，并填写好装箱单。装箱完成后，在规定的时间内由运输调度员负责将重箱运到堆场指定位置。

物流员理论知识考核模拟试卷二

一、填空题（每空1分，共20分）

1. 采购可分为招标采购、（　　）、（　　）、议价采购、订价收购以及公开市场采购。

2. （　　）是流经一个系统的信息流、观点流或部件流的图示。

3. 常见的签收方式有按照（　　）签收、按照（　　）签收和按照验收单签收三种方式。

4. 常见的验收工具有磅秤、（　　）、（　　）和卷尺。

5. 收退员主要负责（　　），（　　），返品的收退、分类和整理。

6. 出库复核的类型有（　　）复核、完全式复核和（　　）复核三种。

7. 在CIF术语成交的情况下，国际货运保险由（　　）投保。

8. 海关查验方式一般为（　　）、抽查和（　　）三种。

9. 在海运出口领取集装箱空箱作业环节中，集装箱卡车司机凭货代签发的（　　）和（　　），到指定地区提取空箱。

10. 集装箱的箱号由（　　）、顺序号、（　　）三部分组成。

11. 品质保证的五要素包括人、材料、（　　）、方法、（　　）。

二、单项选择题（下列每题有4个选项，其中只有1个是正确的，请将其代号填在括号中；每题2分，共20分）

1. （　　）组织结构的特点是企业各级行政单位从上到下实行垂直领导，下属部门只接受一个上级的指令。

A. 混合型　　B. 直线型　　C. 垂直型　　D. 扁长型

2. （　　）是以富于想象或相联系的事物来象征企业的经营理念、经营内容，借用比喻或暗示的方法创造出富于联想、包含寓意的艺术形象。

A. 字形标识　　B. 图形标识　　C. 复合标识　　D. 结构标识

3. （　　）是指企业内部组织机构按分工协作关系和领导隶属关系有序结合的总体。

A. 经营关系　　B. 经营理念　　C. 经营结构　　D. 企业文化

4. 下列不属于摘取式拣货优点的是（　　）。

A. 作业方法单纯，一个人就能完成

B. 前置时间短，拿到单证即可开始

C. 缩短拣取时行走的距离，提高了拣货效率

D. 作业人员责任明确，容易公平分工

5. 公路零担运输应填写（　　）运单。

A. 甲种　　B. 乙种　　C. 丙种　　D. 甲种或乙种

6. 始发量小、中转量大的中转货运站适合采用（　　）。

A. 限时受理制　　B. 预先审批制　　C. 日历承运制　　D. A和B均可

7. 与租船运输相比，班轮运输更适合（　　）的运输。

A. 低值大宗运输　　B. 大宗散装货物

C. 一般杂货和小额贸易的货物　　D. 以上都不适合

8. 就集装箱的使用而言，（　　）在国际货物运输中所占比重最大。

A. 干货集装箱　　B. 散货集装箱　　C. 通风集装箱　　D. 台式集装箱

9. （　　）是唯一说明箱内货物情况的单据。

A. 提单　　B. 场站收据　　C. 装箱单　　D. 设备交接单

10. （　　）是集装箱码头各项作业的指挥调度中心，是码头作业的中枢机构。

A. 行政楼　　B. 控制塔　　C. 大门　　D. 堆场

三、多项选择题（下列每题中的多个选项中，至少有 2 个是正确的，请将其代号填在括号中；每题 3 分，共 18 分）

1. 物流中心选址的因素有（　　）。

A. 人文因素　　B. 地域因素　　C. 水文条件　　D. 物流费用

2. SOP 的意义包括（　　）。

A. 减少了员工的工作强度　　B. 为企业节约了费用

C. 提高了客户服务性　　D. 提高了企业运行效率

E. 提高了企业运行效果

3. 仓库 5S 管理包括（　　）。

A. 整理　　B. 整顿　　C. 清扫　　D. 清洁

E. 合理　　F. 素养

4. （　　）必须按整车运输。

A. 鲜活货物，如冻肉、冻鱼、鲜鱼，活的牛、羊、猪、兔、蜜蜂等

B. 需用专车运输的货物，如石油、烧碱等危险货物，粮食、粉剂等散装货物

C. 不能与其他货物拼装运输的危险品

D. 易于污染其他货物的不洁货物，如炭黑、皮毛、垃圾等

E. 不易于计数的散装货物，如煤、焦炭、矿石、矿砂等

5. 场站收据的作用有（　　）。

A. 是出口货运报关的凭证之一

B. 是承运人已收到托运货物并对货物开始负有责任的证明

C. 是换取海运提单或联运提单的凭证

D. 是船公司、港口组织装卸、理货、配载的资料

E. 是运费结算的依据

6. 货代运输调度员的业务内容包括（　　）。

A. 提取空箱与重箱回场　　B. 装箱并填写装箱单

C. 向船公司报装船计划　　D. 租船订舱

E. 换取海运提单

四、判断题（每题 1 分，共 12 分）

1. 采购是指企业在一定的条件下从供应市场获取产品或服务作为企业资源，以保证企业生产及经营活动正常开展的一项企业经营活动。（　　）

2. 混合制是一种最早也是最简单的组织形式。（　　）

3. ABC 分类法中，C 类商品应实行重点保管。（　　）

4. 播种式拣货加大了拣取时行走的距离，降低了拣货效率。（　　）

5. 不同储位的货品可以直接拼在一起。（ ）

6. 附加险别是基本险别责任的扩大和补充，它可以单独投保。（ ）

7. 海运提单是承运人收到货物后出具的货物收据，也是承运人所签署的运输契约的证明，是一种具有物权特性的凭证。（ ）

8. 出口货物报关单是出口商向海关申报出口的重要单据，由中华人民共和国海关统一印制。（ ）

9. 我国出口的冷冻海产品都是用普通干货箱装运的。（ ）

10. 预先审批制是指货运站根据零担货物流量和流向规律，编写承运日期表，事先公布，发货人则按规定日期来站办理托运手续。（ ）

11. 一张托运单托运的件货，凡不具备同品名、同规格、同包装的以及搬家货物，托运人应向业务受理员提交物品清单。（ ）

12. 看板管理，是指为了满足准时生产而控制现场生产流程的工具。（ ）

五、简答题或计算题（每题 10 分，共 30 分）

1. 物流中心内常见的物流设施设备都有哪些？（最少 10 种）

2. 仓储保管员在进行补货作业时需要注意的事项有哪些？

3. 我国某公司以每箱 50 美元 CIF 悉尼出口某商品共 10 000 箱，货物出口前，由我方公司向中国人民保险公司某分公司投保了水渍险、串味险及淡水雨淋险，其保险费率分别为 0.7%、0.3%和 0.2%，按发票金额 110%投保。试计算该批货物的投保金额和保险费各是多少美元？

模拟试卷二参考答案

一、填空题

1. 询价现购、比价采购； 2. 流程图； 3. 送货单数量、订货单数量； 4. 地磅、游标卡尺； 5. 回单交接、系统录入； 6. 抽取式、交叉； 7. 卖方； 8. 彻底查验、外形查验； 9. 集装箱设备交接单、托运单； 10. 箱主代号、核对数字； 11. 设备、信息

二、单项选择题

1. B 2. B 3. C 4. C 5. C 6. A 7. C 8. A 9. C 10. B

三、多项选择题

1. ABCD 2. DE 3. ABCDF 4. ABCDE 5. ABCDE 6. ACE

四、判断题

1. √ 2. × 3. × 4. × 5. × 6. × 7. √ 8. √ 9. × 10. × 11. √ 12. √

五、简答题或计算题

1. 答：物流中心内常见的物流设施设备主要有：叉车、托盘、货架、输送机、小推车、液压升降平台、条码扫描仪、打包设备、堆高车、周转箱等。

2. 答：仓储保管员在进行补货作业时需要注意的事项有：

(1) 到高层取货时一定要系好安全带。

(2) 取下货品时应轻拿轻放，不能直接扔在地上。

(3) 补货上架时要保证一种货品对应一个拣货位。

(4) 补货时要根据货品的批次将旧批次的货品放于货架前端，新批次的放于后面，以方便先进先出。

(5) 拆零后的包装箱不得随意丢弃，应折叠整齐后统一摆放。补货结束后要清扫所管辖区域内的卫生，保证作业区域干净整洁。

(6) 如果在补货的过程中发现问题，应及时向组长汇报，组长负责登记并交由信息员处理。

3. 答：保险金额＝CIF 货值×（1＋加成率）×10 000 箱

＝50×（1＋10%）×10 000＝550 000（美元）

保险费＝保险金额×保险费率＝550 000×（0.7%＋0.3%＋0.2%）＝6 600（美元）

物流员理论知识考核模拟试卷三

一、填空题（每空 1 分，共 20 分）

1. （　　）是指企业内部组织机构按分工协作关系和领导隶属关系有序结合的总体。

2. 海洋运输保险的基本险别有（　　）、（　　）和一切险三种。

3. 信息员是指为物流中心及时（　　）、（　　）相关信息的人员。

4. 保管员的主要工作有入库、（　　）、（　　）、储位管理和（　　）。

5. 纸箱封箱时使用胶带进行（　　）字或（　　）字封法。

6. （　　）是摘取和播种拣货的混合运用。

7. （　　）是以含有象征意义的文字造型为基点，对其变形或抽象地改造，使之图案化。

8. （　　）车辆旋转纵深较大，需要较大的外部空间，但占用仓库内部空间小。

9. 一般进出口货物报关包括（　　）、配合查验、（　　）以及提取或装运货物四个环节。

10. 集装箱班轮运输的特点是有固定的（　　）、固定的港口、固定的（　　）和相对固定的（　　）。

11. 在制品管理是指对在制品进行（　　）、协调和（　　）的工作。

二、单项选择题（下列每题有 4 个选项，其中只有 1 个是正确的，请将其代号填在括号中；每题 2 分，共 20 分）

1. （　　）是指企业内部组织机构按分工协作关系和领导隶属关系有序结合的总体。

A. 经营关系　　B. 经营理念　　C. 企业组织结构　　D. 企业文化

2. SOP 的中文名称是（　　）。

A. 标准作业流程　B. 作业程序　C. 标准化固定程序　D. 以上都不对

3. 下列选项中，不属于工作说明书作用的是（　　）。

A. 让员工了解工作概要　B. 建立工作程序和工作标准

C. 阐明工作任务、责任与职权　D. 让员工能更努力地工作

E. 为员工聘用、考核、培训等提供依据

4. （　　）是指综合运用文字和图案因素设计的标识，有图文并茂的效果。

A. 字形标识　B. 图形标识　C. 复合标识　D. 结构标识

5. 以下对 ABC 三类商品库存管理方式的描述中，不正确的是（　　）。

A. A 类商品要实行重点管理　B. B 类商品要实行重点管理

C. C 类商品采用简便管理方式　D. A 类商品应重点保管和养护

6. 普通货物运输、大件货物运输、危险货物运输一般使用（　　）公路货物托运单。

A. 甲种　B. 乙种　C. 丙种　D. 甲种或乙种

7. 班轮货物运输不具备的特点是（　　）。

A. 按照船期表营运　B. 为特定的货主服务

C. 按运价本收费　D. 在特定的航线内运输

8. 由我国的上海港运往美国纽约港的集装箱货物，一般会选择（　　）。

A. 远东⟷北美航线　B. 远东⟷欧洲、地中海航线

C. 北美⟷欧洲、地中海航线　D. 远东⟷澳大利亚航线

9. 某公司要出口 15 吨武昌鱼，应选用（　　）进行装载运输。

A. 干货集装箱　B. 散货集装箱　C. 通风集装箱　D. 冷藏集装箱

10. 通关手续的申报需要在装货的（　　）小时内。

A. 24　B. 12　C. 36　D. 48

三、多项选择题（下列每题中的多个选项中，至少有 2 个是正确的，请将其代号填在括号中；每题 3 分，共 18 分）

1. 在选择供应商时，企业应考虑的主要因素有（　　）。

A. 价格　B. 质量　C. 服务　D. 及时性

2. SOP 的作用包括（　　）。

A. 使操作人员经过短期培训，快速掌握较为先进合理的操作技术

B. 根据作业标准，易于追查不良品产生的原因

C. 树立良好的生产形象，取得客户信赖与满意

D. 是贯彻 ISO 精神核心（说、写、做一致）的具体体现

E. 是企业最基本、最有效的管理工具和技术数据

3. 货物验收入库必须做到（　　）。

A. 凡未办理托运手续的货物，一律不准进入仓库

B. 认真核对运单、货物，坚持照单验收入库

C. 货物必须按流向堆码在指定的货位上

D. 一批货物不要堆放两处，库内要做到层次分明，留有通道，互不搭肩，标签向外，箭头向上

E. 露天堆放的货物要注意下垫上盖。

4. 车辆积载的原则有（　　）。

A. 轻重搭配　　B. 软硬搭配　　C. 大小搭配　　D. 重量均匀分布

E. 货物性质搭配

5. 比较班轮运输与租船运输，以下描述正确的有（　　）。

A. 都有预订的船期表、航线、港口

B. 其运价都由托运时租船市场的供求关系决定

C. 一般租船运输的运价都低于班轮运输

D. 租船运输更适合低值大宗货物的运载

E. 班轮运输的手续更简便、快捷

6. JIT 生产要达到的具体目标有（　　）。

A. 零废品　　B. 零库存　　C. 零准备时间　　D. 生产提前期最短

E. 减少零件搬运，搬运量低

四、判断题（每题 1 分，共 12 分）

1. 仓储保管员的工作质量将由拣货员来监督，拣货员完全依赖于保管员工作的效率。（　　）

2. 储运员是物流中心储运部门作业人员，主要负责回单交接，系统录入，返品的收退、分类和整理。（　　）

3. 客户满意度管理是配送主管的日常工作重点之一。（　　）

4. 物流费用是物流中心选址的重要考虑因素之一。大多数物流中心选择接近物流服务需求地，例如接近大型工业、商业区，以便缩短运距，降低运费等物流费用。（　　）

5. 商品价格是一个十分重要的选择供应商的影响因素。商品价格的选择应根据企业的实际情况而定，并不是质量最好的就是最适合的，应力求用最低的价格买到最适合本企业质量要求的产品。（　　）

6. 全集装箱船舶专用码头泊位的长度一般为 500 米以上，泊位水深在 20 米以上。（　　）

7. 接单是揽货的目的，也意味着集装箱运输操作的开始。（　　）

8. 报检单是国家检验检疫部门根据检验检疫、鉴定工作的需要，为保证检验检疫工作规范化和程序化而特制的。（　　）

9. 公路货物托运单是承运人与托运人之间为运输货物而签订的一种运输合同。（　　）

10. 罐式集装箱专门用于运输需要冷藏的产品。（　　）

11. 看板方式是准时生产方式最显著的特点，因此可以将准时生产方式与看板方式等同起来。（　　）

12. WMS 与条码技术的结合大大提高了作业速度，减少了人为出错的概率。（　　）

五、简答题（每题 10 分，共 30 分）

1. 在采购工作中，选择供应商时应考虑哪些因素？

2. 配送主管的岗位职责有哪些？

3. 物流信息员的工作职责有哪些？

模拟试卷三参考答案

一、填空题

1. 企业组织架构； 2. 平安险、水渍险； 3. 收集、处理； 4. 整仓、补货、盘点； 5. 十、井； 6. 复合拣货； 7. 文字标识； 8. 直线形月台； 9. 进出口申报、缴纳税费； 10. 航线、船期、运价； 11. 计划、控制

二、单项选择题

1. C 2. A 3. D 4. C 5. B 6. A 7. B 8. A 9. D 10. A

三、多项选择题

1. ABCD 2. ABCDE 3. ABCDE 4. ABCDE 5. CDE 6. ABCDE

四、判断题

1. √ 2. × 3. √ 4. √ 5. × 6. × 7. √ 8. √ 9. √ 10. × 11. × 12. √

五、简答题

1. 答：在选择供应商时，企业应考虑的主要因素有：

（1）价格。物美价廉的商品是每个企业都想获得的。

（2）质量。并不是质量最好的就是最适合的，应力求用最低的价格买到最适合本企业质量要求的产品。

（3）服务。如更换次品、指导设备使用、修理设备等，类似这样的服务可能会在选择过程中起到关键作用。

（4）位置。供应商所处的位置对送货时间、运输成本、紧急订货与加急服务的回应时间都有影响。

（5）供应商库存政策。如果供应商的库存政策要求自己随时持有备件库存，那么拥有安全库存将有助于供应商应对设备突发故障等问题。

（6）柔性。对那些愿意且能够回应需求改变、接受设计改变等要求的供应商应予以重点考虑。

2. 答：配送主管的岗位职责有：

（1）建立和完善本部门各项管理制度。

（2）制订工作计划（周计划、月计划）。

（3）指挥完成公司配送任务，处置配送过程中的突发状况。

（4）人员管理（调动积极性、绩效考核、培训等）。

（5）车辆管理（签订维修合同及确保合同的正常履行等）。

（6）费用管理（核算车辆公里数、耗油金额、单辆耗油率、维护费用等，监督和控制车辆燃油消耗的合理性）。

（7）供应商（委外车辆）的选择。

（8）组织召开工作例会（晨会、夕会）。

（9）受理顾客投诉。

3. 答：物流信息员的工作职责有：

（1）操作 WMS 制作、打印各类单据。

（2）整理、分发、归档各类单据。

（3）仓储、配送等活动的数据汇总及分析。

（4）向主管提供各类报表。

（5）对 WMS 的使用提出良好的建议。

附录二 技能鉴定实操题

技能鉴定实操题一

【实操内容】

某公司在某市有 4 个长期客户，现公司准备新建一个物流中心来满足日益增长的业务需要。这 4 个客户过去一年的需求量，与地理位置如附表 1 和附图 1 所示。请分小组使用重心法在图上找出适合物流中心建设的最佳位置。

附表 1 **客户需求表**

客户	客户 1	客户 2	客户 3	客户 4
年需求量	40 万吨	30 万吨	20 万吨	10 万吨

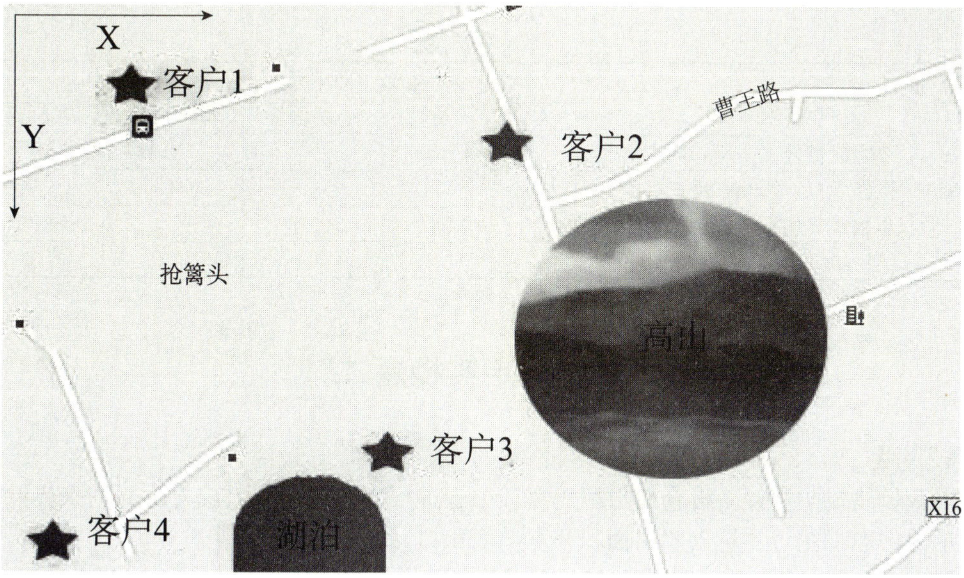

附图 1 客户位置图

【实操准备】

（1）各组准备 A4 纸大小的硬纸板一张，并将客户位置图大致画于硬板纸上（只需要标出 4 个客户分布点即可）。

（2）长度为 0.5 米的白色细线，每组至少 4 条。

（3）小型自封袋，每组至少 8 个；1 元硬币每组 10 余枚；透明胶条，每组 1 卷；小图钉，每组至少 10 枚；白板笔，每组 1 支。

【实操步骤】

（1）拿出 4 个自封袋，并分别用白板笔写上各个需求点名称，即“客户 1”至“客户 4”，并相应地装入 4、3、2、1 个硬币，其中 1 个硬币代表每年的平均配送量为 10 万吨。

（2）拿出 4 跟白色细线，所有细线的一头对齐并打结，将打结的那一头放在地图上面，另一头从上至下分别穿过各个需求点的小洞，并用透明胶条将细线另一头与各个装有相应硬币的自封袋粘住。

（3）将硬纸板水平提高至离书桌超过 0.5 米距离的高度，并提起细线打结的那一头，直至 4 个自封袋都接触到硬纸板背部（见附图 2）。

（4）轻轻放开手，观察细线打结头落在硬纸板上的位置并用笔标记出来。

（5）这样多次反复实施，落下点比较稳定处就是最合适的选址点（见附图 3）。

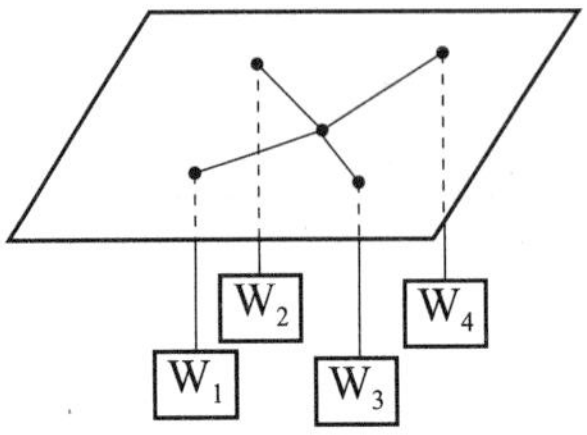

附图 2

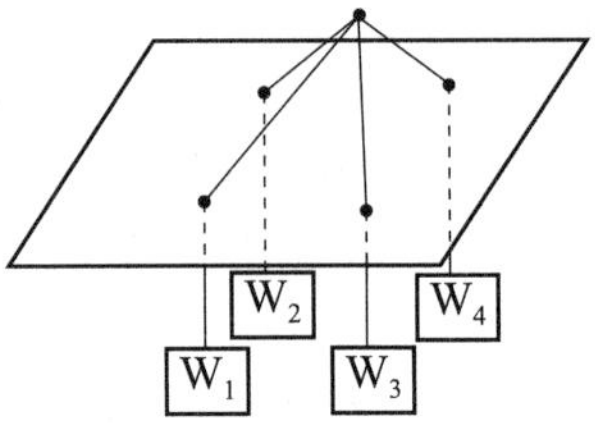

附图 3

【实操评价】

附表 2 **实操评价表**

考评内容	物流中心选址（重心法）				
考评标准	内　容	分值	小组评价	教师评价	实际得分
	小组成员分工明确，职责清楚。	30			
	操作规范，能举一反三。	30			
	小组成员均积极参与，有团队精神。	40			
合　计		100			

技能鉴定实操题二

【实操内容】

对我校物流实训楼一楼仓储与配送实训中心进行实地测绘，完成实际数据采集并画出一楼的平面布局图，计算出库内面积和存储面积。

【实操准备】

（1）分组：以 6 人为一组，每小组设组长 1 名。

（2）测量工具：K8 绘图纸、绘图笔、计算器等。

【实操步骤】

（1）组长下达任务，合理安排各组员的工作任务。

（2）完成仓储与配送实训中心的实地测绘。

（3）画出平面布局图。

（4）计算出库内面积和存储面积。

（5）小组交流汇报。

【实操评价】

附表 3　实操评价表

考评内容	仓储与配送实训中心实地测绘				
	内　容	分值	小组评价	教师评价	实际得分
考评标准	小组成员分工明确，职责清楚。	20			
	平面布局图绘制合理规范。	20			
	正确标注各大区域。	20			
	正确计算出库内面积存储面积。	20			
	成员均积极参与，有团队精神。	20			
合　计		100			

技能鉴定实操题三

【实操内容】

小组内部成员分别扮演采购方和销售方，通过采购谈判，双方就质量、价格、交货期、付款等内容最终达成一致。请各小组模拟采购谈判的前期准备以及整个谈判过程。

【实操准备】

（1）商品：日用纺织品类。

（2）多媒体教室、谈判会议室、相关办公用具等。

【实操步骤】

（1）选择商品。各小组可任意选择自己需要谈判的商品（日用纺织品类）。

（2）组长下达任务，合理安排各组员的工作任务。

（3）调查待采购商品的质量、价格、售后、交货、付款等基本信息。

（4）制定谈判策略，并进行采购谈判。

（5）记录过程，交流谈判心得。

【实操评价】

附表 4　实操评价表

考评内容	采购谈判				
	内　容	分值	小组评价	教师评价	实际得分
考评标准	小组成员分工明确，职责清楚。	20			
	前期商品信息调查全面、真实。	20			
	谈判策略。	20			
	谈判过程。	20			
	成员均积极参与，有团队精神。	20			
合　计		100			

技能鉴定实操题四

【实操内容】

将 20 个尺寸为 60cm×30cm×20cm 的纸箱分别用重叠式堆码和旋转交错式堆码两种

堆码方式在托盘上完成堆码作业。

【实操步骤】

(一) 重叠式堆码

1. 工具准备

操作人员将训练所使用的纸箱及托盘准备好（按托盘的规格及纸箱的规格决定纸箱的数量）。

2. 明确堆码方法

操作人员要明确重叠式堆码方法及要遵循的以下堆码原则：

（1）将货品箱平行排列，根据托盘规格决定列数和每列的数量。

（2）堆码过程中按先远后近的原则堆码。

（3）将底层的货品箱堆码整齐，箱与箱之间不留空隙。

（4）箱与箱的交界面为正面与正面衔接，侧面与下侧面衔接。

（5）将货品箱逐层堆码，层与层之间的货品箱平行，货品箱的四个角边重叠，方向相同，直到堆码完成。

3. 按堆码方法进行堆码

在堆码过程中，要注意先堆码离操作人员距离远的位置，然后再堆码离操作人员近的位置。这样，可以缩短操作人员的行进距离，减少工作量。

4. 审核

审核的标准为：堆码的纸箱不超出托盘的范围；整齐，不超高。

5. 注意事项

（1）堆码过程要轻拿轻放，禁止乱扔乱抛。

（2）注意人身安全，禁止堆码过高。

重叠式堆码完成后的效果见附图 4。

附图 4　重叠式堆码

(二) 旋转交错式堆码

1. 工具准备

将堆码所使用的纸箱及托盘准备好。

2. 明确堆码方法

旋转交错式堆码方法如下：

(1) 货品箱的每层摆放为：相邻的货品箱垂直旋转摆放；根据托盘及货品箱的规格，也可以将两个货品箱为一个单位相互垂直摆放。

(2) 每个堆码单位的交界面必须有一个正面和一个侧面。

3. 注意事项

爱护工具设备，禁止野蛮操作。

旋转交错式堆码完成后的效果见附图 5。

附图 5 旋转交错式堆码

【实操评价】

(1) 每种堆码方式给定时间 2 分钟，超过 2 分钟的不予计分。

(2) 实训过程中，各组组长负责计时，记录小组成员的错误原因和错误次数，并负责处理操作过程中的问题。

(3) 实训结果以质量为第一，时效为第二。质量总分 100 分，各项扣分见附表 5。

附表 5 堆码实训扣分原则

项 目	扣分
堆码方式错误。	−50
货物掉落一箱。	−5
码箱有一箱不整齐。	−5
未按码箱规格码箱。	−10

技能鉴定实操题五

【实操内容】

按照“十”字形路线进行液压托盘车搬运实操。

场地示意图见附图 6。

【实操步骤】

(一) 实训流程

(1) 实训者到液压托盘车旁就位。

(2) 组长宣布比赛开始并计时。

(3) 实训者从初始位出发，将液压托盘车升高，沿虚线拉动托盘（码货或者置水杯），

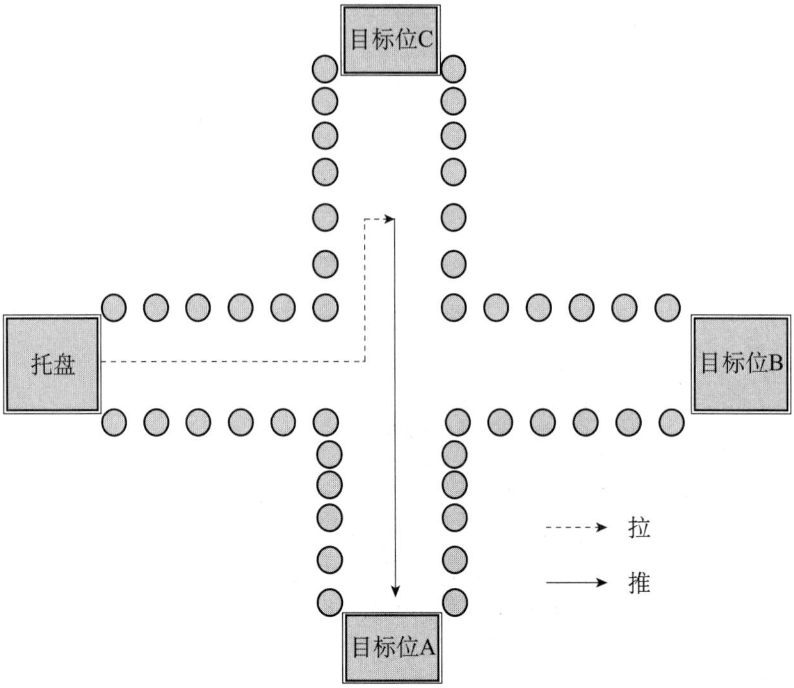

附图 6　场地示意图

再按实线将托盘堆至目标位 A。

（4）重复步骤 3，依次将托盘放置到目标位 B 和目标位 C，最后回到初始位，组长停止计时。

（二）比赛说明

（1）实训时间为 3 分钟，超过 3 分钟的不予计分。

（2）实训过程中，组长负责计时，记录选手的错误原因和错误次数。

（3）实训过程中，教师负责实训后根据组长提供的选手实训情况计算实训得分。

（4）一个选手实训结束后，下一个实训者接着进行实训。

【实操评价】

实训结果以质量为第一，时效为第二。质量总分 100 分，各项扣分如附表 6 所示。两个选手有相同质量得分时，时效高的胜出。

附表 6　　液压托盘车扣分原则

项　目	扣分
取走托盘时托盘留在原地。	−5
液压托盘车撞上边界（由宝特瓶围成）一次。	−10
货物掉落一箱。	−5
液压托盘车撞上障碍物（由雪糕筒排成）一次。	−10
水杯倾倒。	−10
托盘归位出界。	−5
车辆归位出界。	−5

技能鉴定实操题六

【实操内容】

某车场每天有 5 辆车经过 8 个装卸点（A、B、C、D、E、F、G、H）巡回运输，每个点所需装卸工人人数见附表 7。怎样调配装卸工人最合理？

附表 7　　每个点所需工人人数表

A	B	C	D	E	F	G	H
4	6	7	9	6	10	8	5

【实操步骤】

（1）按所需工人数目由多到少排序（见附表 8）。

附表 8　　每个点所需工人人数排序表

F	D	G	C	B	E	H	A
10	9	8	7	6	6	5	4

（2）总共有 5 辆车，则从最多的点开始数到第 5 个位置 B，B 对应的工人数为 6 人，则每车需要派 6 个人跟车，各点需要的工人数见附表 9。

附表 9　　各点调配的工人人数表

F	D	G	C	B	E	H	A
4	3	2	1	0	0	0	0

（3）所需装卸工人总数为：5×6+4+3+2+1=40（人）

（4）检验：如果派 7 人跟车，则总数为：5×7+3+2+1=41（人）；如果派 5 人跟车，则总数为：5×5+5+4+3+2+1+1=41（人）。

这两种方案均比原方案多 1 人，故原方案是最优方案。

技能鉴定实操题七

【实操内容】

广州一星集团刘星有一批货物欲通过公路运输从广州运往北京新世纪科技公司，收件人为李勇先生，货物具体信息如下：

（1）电脑显示器：纸箱包装，体积 50cm×30cm×20cm，每箱重量 30kg，10 箱。

（2）电脑主机：纸箱包装，体积 40cm×20cm×50cm，每箱重量 20kg，10 箱。

（3）键盘：纸盒包装，体积 25cm×20cm×20cm，每箱重量 4kg，10 盒。

（4）橡胶保护膜：纸箱包装，体积 20cm×20cm×20cm，每箱重量 1kg，5 箱。

（5）A4 打印纸：纸箱包装，体积 20cm×30cm×20cm，每箱重量 5kg，5 箱。

请进行以下操作：

（1）公路货物托运业务的办理。

（2）填写货物托运单。

（3）办理货物的验收入库。

(4) 公路货运车辆调度。

(5) 调度单的填写。

【实操要求】

(1) 组内成员必须做到分工明确，通力合作。

(2) 小组实训成绩作为组内成员的单元成绩。

(3) 组内评价由组长主持，组长必须客观公正，否则扣系数分 0.1～0.3 分。

(4) 进行成果展示的小组视展示情况加系数分 0.1～0.3 分。

(5) 实训完成时间为 30 分钟。

【实操准备】

(一) 分组

以 6 人为一组，每小组设组长 1 名，成员分工如下：托运业务受理员 2 人，验收员 2 人，调度员 2 人。

(二) 岗位职责

组长：负责计划、组织、协调小组的分工、任务实施和小组评价。

托运业务受理员：负责填写托运单与托运单的审核。

验收员：负责验收和接收货物，过磅量方与扣、贴标签。

调度员：负责选择车型，填制调度单，调度车辆，并完成货物的交付。

(三) 单据准备

公路货物托运单、公路特种货物分类表、全国主要城市间公路里程表、公路货运调度单。

【实操步骤】

(1) 选题。

(2) 办理托运。

(3) 验收并接收货物。

(4) 配载与车辆调度，货物交付。

【实操评价】

附表 10　　实操评价表

考评内容	公路货物运输业务的处理				
被考评人： 第__小组	托运业务受理			验收员	
	配载员				
小组组长			完成时间		
考评日期			考评地点		
考评标准	内　容	分值	小组评价	教师评价	实际得分
	小组成员分工明确，职责清楚。	10			
	小组计划与实施准确、规范。	10			
	成员均积极参与，有团队精神。	10			
	验收工具使用规范。	20			
	托运单填制准确。	20			
	车型选择正确。	10			
	调度单填制准确。	20			
合　计		100			

技能鉴定实操题八

【实操内容】

2016 年 3 月 6 日，上海富宁国际贸易公司与荷兰建筑工业公司成交一批环保绿色油漆，上海富宁国际贸易公司委托上海福德国际货代公司（上海市嘉定区城中路 200 号）代为办理该货物的出口全套业务（包括国内运输段的代理业务），发货人地处上海，货物存于上海 H 仓库。

合同的主要信息：商品名称：环保绿色油漆；商品编码：3105－2000；重量：21 500kgs；体积：28m^3；支付方式：L/C；标记唛头：N/M，包装：BUCKETS；货物总价值：600 000 美元；装运港：上海洋山港；目的港：鹿特丹港；保险条款：加保一切险，加一成投保。

请进行以下操作：

（1）揽货员接受海运委托业务。

（2）业务操作员租船订舱，装箱。

（3）办理海洋运输保险业务。

（4）出口货物报关报检业务。

（5）海运货物的运输调度工作。

【实操要求】

（1）组内成员必须做到分工明确、通力合作。

（2）小组实训成绩作为组内成员的单元成绩。

（3）组内评价由组长主持，组长必须客观公正，否则扣系数分 0.1～0.3 分。

（4）进行成果展示的小组视展示情况加系数分 0.1～0.3 分。

（5）实训完成时间为 45 分钟。

【实操准备】

（一）分组

以 7～8 人为一组，每小组成员分工如下：揽货员 1 人，业务操作员 2 人，保险代理员 1 人，报关员 1 人，报检员 1 人，运输调度员 1～2 人。

（二）岗位职责

揽货员：接受货物的海运出口业务委托，填写《海运出口货物代运委托书》。

操作员：船期、运费查询，租船订舱，填写场站收据；进行货物装箱工作，填写装箱单。

保险代理员：负责为该批货物进行海洋运输货物的投保工作，填写《海洋货物运输保险单》。

报关员：负责该批货物的出口报关工作，填写《出口货物报关单》。

报检员：负责该批货物的出口报检工作，填写《出境货物报检单》。

运输调度员：负责该批货物的运输调度工作，报装船计划，换取提单。

（三）单据准备

海运出口货物代运委托书、场站收据十联单、装箱单、海洋货物运输保险单、出口货物报关单、出境货物报检单、海运提单。

【实操步骤】

（1）揽货、报价。

（2）租船订舱。

（3）发放空箱，货物装箱。

（4）投保。

（5）报关报检。

（6）运输调度，换取提单。

【实操评价】

附表 11　　实操评价表

考评内容	水运货物运输托运受理作业				
被考评人：第__小组	揽货员		业务员		
	保险代理员		报关员		
	报检员		运输调度员		
小组组长		完成时间			
考评日期		考评地点			
考评标准	内　容	分值	小组评价	教师评价	实际得分
	小组成员计划完备、职责清楚。	15			
	成员均积极参与，有团队精神。	15			
	为货主选择航线、船期等合理。	10			
	运费报价准确。	10			
	填制场站收据十联单准确。	10			
	填制装箱单准确。	10			
	填制保险单准确。	10			
	填制报关单准确。	10			
	填制报检单准确。	10			
合　计		100			

技能鉴定实操题九

【实操内容】

请各小组对班级进行“5S”管理看板设计。

【实操准备】

（1）多媒体教室。

（2）“5S”看板模型若干。

（3）绘图用具。

【实操步骤】

（1）各小组找出目前班级管理中出现的问题。

（2）对问题进行归类分析。

（3）找出解决问题的方法。

（4）设计“5S”管理看板。

（5）小组对自己的成果进行交流汇报。

【实操评价】

附表 12　　实操评价表

考评内容	采购谈判				
考评标准	内　容	分值	小组评价	教师评价	实际得分
	小组成员分工明确，职责清楚。	20			
	问题分析全面、真实。	10			
	解决措施得当。	10			
	“5S”管理看板设计。	40			
	成员均积极参与，有团队精神。	20			
合　计		100			

图书在版编目（CIP）数据

物流服务与管理岗位综合实训 / 蔡守英主编 .—北京：中国人民大学出版社，2016.12
ISBN 978-7-300-23562-2

Ⅰ.①物… Ⅱ.①蔡… Ⅲ.①物流管理-中等专业学校-教材 Ⅳ.①F252

中国版本图书馆 CIP 数据核字（2016）第 263955 号

职业院校"双证书"课题实验教材
人力资源和社会保障部职业技能鉴定中心指导编写
物流服务与管理岗位综合实训
主　编　蔡守英
副主编　柴光荣
参　编　逢　雷　王爱武
Wuliu Fuwu yu Guanli Gangwei Zonghe Shixun

出版发行	中国人民大学出版社		
社　　址	北京中关村大街 31 号	**邮政编码**	100080
电　　话	010－62511242（总编室）		010－62511770（质管部）
	010－82501766（邮购部）		010－62514148（门市部）
	010－62515195（发行公司）		010－62515275（盗版举报）
网　　址	http://www.crup.com.cn		
经　　销	新华书店		
印　　刷	北京密兴印刷有限公司		
规　　格	185 mm×260 mm　16 开本	**版　　次**	2016 年 12 月第 1 版
印　　张	13.5	**印　　次**	2022 年11月第 3 次印刷
字　　数	315 000	**定　　价**	28.00 元